清正公の南蛮服

大航海時代に渡来した一枚のシャツの物語

伊藤なお枝

花乱社

序文

発星山本妙寺第四十一世 住職
池上正示《しょうじ》

私がそのシャツ（南蛮服・ジバン）を初めて見たのは、小学生のころだった。祖父が急死し、急遽住職を継がなければならなかった父に連れられてやって来た熊本市の本妙寺には、境内に「宝物館」（現「本妙寺加藤清正公記念館」）という、明治時代に建てられた石造りの洋館があり、そこに、本妙寺の開基であり祭神である加藤清正公の遺品などが展示されていたが、その中で、古びた、ボタンの数が異様に多いそのシャツは、他の武具や肖像画などとは明らかに異質であり、

「清正公《せいしょこ》さんが着とんなさったジバンたい」

という父の説明は、「虎退治の清正公」という、それまで抱いていたイメージと重ならず、子ども心に違和感を抱いた記憶がある。

本書の著者、伊藤なお枝さんの執筆の動機にも、初見の時の、「戦国武将の清正と南蛮服の取り合わせに対する違和感とイメージの落差」が、あったらしい。それが三十年以上の時を経て、この立派な研究書『清正公の南蛮服』に結実した。

これまで清正公の南蛮服は、服飾史の専門書に資料として掲載され、シャツ縫製を極めた職人技によるレプリカが本妙寺に奉納（詳細は本文に記載）されるなど、服飾の世界では関心を集めていたが、それ自体の来歴が一冊の本にまとめられることはなかった。

本書は、十六世紀末にポルトガルで作られ、清正公に献上されたと推定される南蛮服の来歴を、当時の国際情勢、大航海時代が日本にもたらした鉄砲・キリスト教、そして織豊時代の大名たちが夢中になった南蛮ファッションと南蛮貿易、旧教と新教の覇権争い、秀吉の朝鮮出兵など、あらゆる角度から壮大なスケールで、しかも緻密に考察している。

歴史の専門家ではないという著者が、ここまで調査したことに驚嘆するが、そこから浮かび上がるのが、本書の主人公、加藤清正公の素顔だ。

近年の大河ドラマに登場する加藤清正は、忠義な勇将だが、単純粗暴……。

民生の安定のために領国経営に尽力し、今日の熊本の礎を築いた智勇兼備の仁君「清正公さん」を崇敬する私たちは、その傾向を歯がゆい思いで見ていたが、本書は、「虎退治」のイメージだけでは量れない、進取の気概に満ち、海外貿易に意欲を示し、五十年の生涯を燃焼した加藤清正の、真の姿を活写していてうれしい。清正公ファンの方は、第四章「清正と南蛮との出会い」から読み進めるのもよいだろう。

二〇一九年には、熊本地震のため休館を余儀なくされていた「本妙寺加藤清正公記念館」がリニューアル・オープンする予定で、そのような折に、記念館の重要な所蔵品である南蛮服の魅力を伝える本書が出版されることは大慶で、著者に感謝の念を捧げたい。また、本書にも登場する、これまでに清正公の南蛮服の価値を世に発信していただいた全ての方々にも、この場をお借りして篤く御礼申し上げたい。合掌。

〔本妙寺加藤清正公記念館館長／加藤清正公と本妙寺の文化遺産を守る会常任理事〕

目次

第四章　清正と南蛮との出会い

第五章　清正の南蛮貿易

第一章

清正公の菩提寺、肥後本妙寺へ

一　清正公の御廟所「浄池廟」

はじめに

加藤清正公の菩提寺である熊本の本妙寺宝物館には、清正公着用と伝えられる「清正公の南蛮服」が所蔵されている。四百年以上前、南蛮から渡来したと伝わる一枚のシャツである。

南蛮服といえば、多くの人が、南蛮屛風に描かれた南蛮人の服装――たっぷりとヒダをとった襟《えり》飾りや体にフィットしたカラフルな上衣、バルーンと呼ばれる膨らんだズボンをはいた南蛮人のファッションを想像されるに違いない。

戦国時代、南蛮船に乗って日本にやってきた南蛮人は、顔や髪の色も違っていたし、これまで見たこともない不思議な衣服を身につけていた。どこへ行っても南蛮人は注目の的で、日本の伝統的な美しい色彩感覚を持っていた当時の戦国大名の感性をも刺激してやまず、異国への興味をかきたてた。

しかし、清正公の南蛮服は、このような南蛮服のイメージとはかなり異なる。見かけは古びた一枚のシャツである。古びてはいるが、スタンドカラーのおしゃれなシャツで、シンプルなデザインは現代でも通用しそうなほどモダンで機能的に作られている。

私が初めてこの南蛮服に出会ったのはもう三十年以上も前のことなのだが、出会った瞬間、魅了されてしまった。

しかし、違和感もあった。これは本当に清正公が着用したシャツなのか。

秀吉子飼いの大名のなかでも武闘派として知られる清正が、なぜこのような、おしゃれなシャツを持っていたのか。南蛮貿易に積極的だったキリシタン大名の大友宗麟《そうりん》や大村純忠《すみただ》、有馬晴信などの遺品というなら納得もいくが、清正公の遺品と聞いてもにわかには信じられなかった。戦国武将の清正と南蛮服の取り合わせに対する違和感とイメージの落差が、喉に刺さった小骨のように気になり、この古いシャツが忘れられなくなったのである。

以来、清正関連の展覧会があると聞けば、仕事の合間を縫って時間が許す限り会場を訪れ、本を読み、熊本城や市内を歩いた。自分でも呆れるほどの執着としか言いようがない。

戦国時代という底知れない世界に、ちょっとだけ足を踏み入れただけにすぎないけれども、横道、脇道にそれて自由に想像を膨らませることができたのは素人の強み。しかし、どこへ向かっているのか分からなくなることもしばしばで、そのたびに「清正公の南蛮服」が想像の産物ではなく実際に存在するシャツであることが、私を出発点に引き戻してくれた。振り返ってみると、南蛮服に導かれて不思議な旅をしてきたように思う。

四百年以上前に南蛮から渡来したシャツである。現存するシャツとしては国内最古のもので、唯一無二の存在である。その「清正公の南蛮服」の魅力を通して、清正公の知られざる一面や熊本の歴史の面白さが少しでも伝われればと願い、この本をまとめた。

一枚のシャツを追いかける旅は、何よりもまず、清正公の御霊をまつる御廟所、肥後本妙寺の「浄池廟《じょうちびょう》」から始めたい。

「浄池廟」へ

清正公の御廟所「浄池廟」は、熊本城の西北にあたる中尾山（本妙寺山）の中腹、市内でも屈指の緑豊かで閑静な場所にある。

熊本市電の利用が便利で、「本妙寺入口」で下車すれば、西の山側に向かって約四〇〇メートルの参道がまっすぐに延びている。参道を九州新幹線の高架線がまたいでおり、時おり流線型の列車が轟音を立てて走り抜けていく。参道の奥に堂々とした本妙寺正門の仁王門があり、門の少し上に見えるのが浄池廟である。

仁王門は、古くは「黒門」と呼ばれていた本妙寺の総門である。一九二〇（大正九）年、小倉の実業家・小林徳一郎氏（株式会社小林組創業者）の寄進によりに建立されたもので、大正時代のものとしては珍しい、高さ約一五メートルもある鉄筋コンクリート造りである。二〇一〇年、清正公四百遠忌記念事業として大改修されたのち、翌年七月、国の有形文化財に登録された。しかし、二〇一六年四月の熊本地震により門柱に亀裂が入り、現在はくぐることが禁止されている。

門の脇から境内に入る。

仁王門から浄池廟まで、さらにまっすぐに延びた参道があり、左右には塔頭《たっちゅう》寺院十二カ寺が建ち並んでいるが、人通りは少なく、ひっそりとしている。今も、熊本地震でところどころ崩れたままになっている土壁や石壁が見えるのが痛々しい。

境内の参道は、浄池廟へと続く一七六段の石段（胸突雁木《むなつきがんぎ》）に突き当たる。石段下の右側に建つのが清正の菩提寺である肥後本妙寺の本堂である。正式には「日蓮宗六条門流　発星山本妙寺」という。

まず、浄池廟に向かう。

胸突雁木の石段は、熊本城築城の際に余った石を使ったといわれる。かつて私がこの雁木坂をのぼったときは石段の幅や高さが不揃いで凹凸も多く、とても歩きにくかった記憶がある。石段の両側には信者寄進の石灯籠が浄池廟まで隙間なく並び、壮観で風情のある景観をつくり

浄池廟への石段

出していた。しかし老朽化が進んで、のぼるのは禁止されていたところ、熊本地震で脇の石灯籠がほぼ完全に崩れたため、転げ落ちた灯籠石の仮置き場となっていた。地震の被害を受けていなかった雁木坂脇の石段をのぼる。

石段をのぼりきり、中門をくぐったところが「浄池廟」である。

「浄池」とは、清正公の法号「浄池院殿永運日乗大居士」に由来する言葉で、「廟」は「祖先や貴人の霊をまつる霊屋《たまや》、おたまや」という意味である。本妙寺の案内パンフレットには「御廟所の御殿正面奥に清正公の御尊像が奉安され、その真下が清正公の永遠に鎮まり給うところ」とある。正面に拝殿、拝殿の後ろに御本廟がある。御廟の真下に清正公の柩《ひつぎ》が納められているという。御廟の両脇には清正に殉死した家臣二人の墓がある。向かって右が「大木土佐守兼能《かねよし》」、左が「金宦《きんかん》」の墓である。

大木土佐守兼能（一五五二～一六一一）は佐々《さっさ》成政《なりまさ》の家臣だった人で、成政亡きあと清正に仕え、蔵元奉行、京都屋敷の留守居番役などを務めた人物。関ケ原戦では清正夫人（家康の養女、清浄院）を上方屋敷から水桶に入れてひそかに脱出させたというエピソードもある。下川又左衛門（元宣、四三〇〇石）らと藩の財政管理に当たり、清正の側近として領内政策全般を管理した土佐守は、清正逝去の翌日、殉死した。

一方、御廟の左側にあるのは金宦(1)の墓である。本名は良甫鑑《リャンポカム》。清正が朝鮮で捕らえた王子（臨海君・順和君）の小侍郎だった人で、後宮の金銭出納を司る経理事務官のような役職だったらしく、朝鮮でも「金宦」と呼ばれていたという。二王子と共に捕らえられ(2)、清正が咸鏡道（朝鮮半島北部の東側）のオランカイまで探索した際に道案内を務めて以来、終生、清正の側近くに仕えた。清正が逝去した六月二十四日、すぐに後を追おうとしたが子どもに見つかって脇差を取り上げられてしまった。しかし、七回忌のとき、子どもが油断した隙に、たまたま桶屋が置いていた鉈を使って追い腹を切ったという(3)。

大木土佐守と金宦。殉死した二人が、ともに清正の肥後経営に関わる経済官僚、経済事務方であったことは、豪快な武将というイメージとは異なる清正の別の一面を物語っ

浄池廟

ているように思う。
浄池廟は、ちょうど熊本城の天守閣と同じ高さの位置にあるといわれ、現在も熊本市内ではこの高さを超える高層建物は建てないと聞いた。清正に対する熊本市民の敬慕の表れなのだろう。

加藤清正公銅像

御廟からさらに三百段の石段をのぼった本妙寺公園には「加藤清正公銅像」がある。身長約九メートル、台座からの高さは約一七メートル。トレードマークである蛇の目紋の長烏《ながえ》帽子《ぼし》と具足をよろい、右手に片鎌槍《かたかまやり》を持ち、熊本城下を睥睨《へいげい》しながら立つこの像は、長崎の「平和祈念像」を制作した北村西望氏の手になるもの。威風堂々たる戦国武将・清正の姿がここにある。

二〇一六年の熊本地震で、銅像の片鎌槍の穂先が折れて落下し、二つに割れたというニュースが報じられたので気になっていたのだが、地震後、日を置かずに修理されたという。修理を担当したのは、福岡の建設会社「株式会社安藤・間《はざま》九州支店」である。清正公の銅像が初めて建立されたのは戦前の一九三五（昭和十）年のことだが、戦時中は金属供出で姿を消していた。

一九六〇（昭和三十五）年の銅像再建に当たって協力したのが同社前身の「株式会社間組」だったご縁から、槍の修復を申し出られたのだという。折れた槍を持つ清正公など見ていられなかったのだろう。

二　清正公の最期(4)

二条城の会見

加藤清正は、二条城の会見後、家康に毒殺されたという話がある。家康から人知れず毒饅頭を食べさせられたというもので、多くの人がこの話を信じているのではないだろうか。火のないところに煙は立たないというけれど、実際はどうだったのか。

関ケ原から十一年後の一六一一年三月、息子の秀忠に政権を譲り、大御所として駿府城に移っていた家康は、後陽成天皇の譲位と後水尾天皇の即位行事への出席のため上洛。孫娘千姫が嫁いだことにより婿となった豊臣秀頼を大坂から京に呼び出し、二条城で会見することになった。

このとき家康は六十八歳、秀頼は十四歳。豊臣家にすでに秀吉時代の勢いはなく、老獪《ろうかい》な家康の前に出れば、世間知らずの秀頼など蛇に睨まれたカエルも同然。会見はどんな展開になるか分からない。そこで秀頼には織田有楽斎《うらくさい》、片桐且元《かつもと》、大野修理《しゅり》らをはじめ御小姓衆約三十人が付き添うことになった。三月二十八日、実際の会見の席まで秀頼に付き添ったのは加藤清正と浅野幸長の二人だったといわれている。

幸長の父は浅野長政である。長政は秀吉の妻・寧々（高台院）の養父でもあるので、幸長と寧々は姉と弟。秀吉は義父となった浅野長政を大切にしていたので、清正もまた長政を敬い、息子の幸長を可愛がっていた。清正と長政は文禄・慶長の役において、かの有名な蔚山《うるさん》城の戦いでも凄惨な十三日間の籠城戦をともに耐え抜いた仲だった。

二条城会見のとき、清正は肥後五十四万石の藩主で四十九歳、浅野幸長は紀伊（和歌山）三七万六〇〇〇石の藩主で三十五歳。押しも押されもせぬこの二人の大名が秀頼に付き添い、ピタリと息を合わせて脇を固めていた。家康から見れば、殺気をみなぎらせた清正と幸長の存在は疎《うと》ましく、いまいましい存在だったのではないか。

このとき清正が懐にしのばせていたという備州長船《おさふね》の短刀は、今も肥後本妙寺で大切に保存されている。(5) それほど緊張感をはらんで行われたのが「二条城の会見」だったのだと、私も記憶していた。

しかし、これは事実とは異なるという。大浪和弥氏(6)（元熊本市立熊本博物館学芸員）は、清正は、「秀頼側ではなく家康側の立場で同席した」と説く。

「（同時代の史料によれば）、清正は、大坂から京都の二条城まで終始秀頼に付き添っていたわけではなく、頼宣（家康の十男）の御供役として二条城の会見を許されていたことが分かります。つまり、清正は秀頼を護衛する豊臣家側の人物としてではなく、あくまで徳川家側の人物として会見に同席したわけです。頼宣は清正の娘婿に当たる人物ではありますが、家康が会見に親豊臣系大名の筆頭と目される清正を人選した背景には、やはり徳川家・豊臣家双方に目配りができる人物は清正しかいないという家康の政治的配慮があったのでしょう」

秀吉の死を契機として清正たちが朝鮮を撤退してから、この二条城の会見の日まで、すでに十三年の歳月が流れている。この間、時代は激しく動き、清正を取り巻く環境も大きく変わっていた。

秀吉亡き後、朝鮮から帰還したばかりの清正は、一五九九年、家康の養女を正室に迎えている(7)。そして一六〇六年には娘の古屋《こや》姫（本浄院）を家康の重臣榊原康政の息子（康勝）に嫁がせ、また一六一〇年には娘の八十姫（あま姫、瑤林院）が家康の息子（頼宣）と婚約、すでに家康と加藤家とのあいだには二重三重に姻戚関係が形成されていた。

二条城の会見において、清正は秀頼の付き添いではなく徳川家側の立場で会見の場にいた、という大浪氏の見解には説得力がある。

清正の涙

ともあれ二条城での会見は無事に終わり、清正は、秀頼を大坂城まで送り届けたあと、一六一一年五月二日、熊本へと帰国の途についた。清正は帰途の船中において発病。六月二十四日に死亡した。

あまりに突然のことで、二条城の会見の際に家康から毒を盛られたという毒饅頭説が流れた。朝鮮出兵中に悪い病気に感染したとする説、瘧《おこり》（マラリア）説なども囁かれたようである。

大浪和弥氏は、「清正死去直後から家康による毒殺説も噂されていたことが、イエズス会宣教師の報告書からもうかがえるが、大坂を出てから症状が出るまでかなりの時間が経過しているため、毒殺の可能性は低い」という。

『清正記』(8)には「（熊本に帰る）船中より熱病をうれひ」とあるし、『続撰清正記』(9)にも、「清正、同年（一六一一年）五月下旬に熊本へ下着ある。船中より気色不例にして（様子がいつものようではなく）、次第次第に病が重くなり、熊本着城から二、三日過ぎには舌不自由にしてもの言うこと曽《かつ》てならず。脈もよろしからざるによって治りがたかるべき由、医師ども申すによりと記されている。（）は引用者注。

船中での清正は、いつもの清正と様子が違う程度だったのかもしれない。

なんとか熊本にたどり着いた清正だったが、五月下旬、熊本城内で意識を失い、倒れた。

「萩藩毛利家が収集した情報によれば、清正は五月十五日に熊本に到着したあと、二十七日に熊本城の大広間で発病したとされている。病名は定かではないが、突発的な発病と〝舌不自由〟などの症状が見られたことから脳内疾患だったと推測される」(大浪氏)

『新熊本市史』[10]にも「重い脳溢血のようで手足が使用しえなくなって、五月中旬に熊本城に帰った。そのため京都から名医友竹法印を招いて治療にあたらせ、また祈禱を京都吉田義演に頼み祈願したが、その薬石効なく」とある。

清正は危篤状態に陥った。重篤な病であることは誰の目にも明らかだったので、加藤家を代表して和田勝兵衛(備中)と飯田覚兵衛の二人が、忠広への襲封《しゅうほう》を嘆願するため駿府へ向かうことになった。出発に際して二人が清正の枕べに寄って声をかけると、

「(清正は)一言ものは仰せられず、御目を少し開き、うちうなづかせたまひて、御涙ぐみたまふ」(『続撰清正記』)。

清正の涙が見えるような描写である。

言葉を発することができなかったので、公儀や家中への遺言はなかったという(『続撰清正記』)。発病からわずか一カ月足らずの六月二十四日、清正は祈禱や治療の甲斐なく熊本城内で死去した。享年五十。あまりにも急な、無念の死であった。

清正の跡を継いだのは三男の忠広である。兄の虎熊、熊之助(忠正)が早世したため、後継

者となった忠広[11]はこのときまだ十歳で、江戸にいた。清正は、幼い息子への本格的な後継者教育はこれからだと考えていたかもしれない。
江戸の忠広から熊本の母に宛てて出された父の病を案じる手紙[12]が残っている。日付は六月二十八日。江戸にいる忠広には、このときすでに熊本の父が死亡していたことなど知る由もなかった。

かへす〳〵　よく〳〵　御ようしようなさるへく候
いよいよ　めてたき御さ候ハヽまち申候
六月八日の御文　たしかにとヽき申候、おとヽさま御わつらひ　すこしつヽよく御さ候よし　うけたまハり　めてたく存候　上方よりくすし　やかてまいり候ハんまヽ　いよいよ御本ふくなさるへきと申まいらせ候　よく〳〵御やうしやうなさるへく候　めてたくかしく
六月廿八日　　とら藤（忠広の幼名）
おかヽさま

荼毘に付された清正

清正の遺骸は、熊本城の北にある赤尾口で「殯《もがり》」されたという。殯とは「貴人の本葬をする前に、棺に死体を納めて仮にまつること。また、その場所」（『広辞苑』）のことである。

殯跡は、上熊本駅[13]から坂道を歩いて約五分、赤尾口（熊本市京町本丁）という高台にある。戦国期には隈本城（熊本城の旧名）の北の外城、見張り兼外郭陣地であったといわれ[14]、清正時代まで使用されていたが細川時代に廃城となったようである。現在の九州森林管理局の敷地とその一帯が赤尾口である。

殯跡の石碑

殯跡より本妙寺方面を望む

森林管理局の正門を入ると、左手にある木立の木漏れ日のなかに、熊本城を背にして高さ二・五メートルほどの石碑が立っている。建立は一九〇九（明治四十二）年。この年三月には肥後本妙寺で清正公の三百回忌法要が営まれており、同月には明治政府から清正公に従三位が追贈《ついぞう》されたこともあって、記念行事や旗行列(15)が行われるなど、熊本市内は清正ブームで盛り上がっていた。

石碑の表には次の碑文が刻まれている。

　加藤公殯処碑

加藤清正公之薨也去今三百年其初殯于赤尾口遂葬于中尾山後建一寺于殯処号曰静慶庵庵廃而其地属熊本大林区署今其域中有壟冢是其遺跡也方今茲四月大行公追遠祭請大旅区署修其遺趾建碑其上以示昆去爾

明治四十二年四月　清正公三百年会建之

石碑が誰によって建てられたのか、碑文は誰が書いたのか、石碑の裏や台座には何も刻まれていない。

清正自身が場所を決めていた「浄池廟」

清正逝去の報は、急使をもって京都の日蓮宗本山（六条門流祖山）の本国寺に知らされた。一八九九（明治三十二）年三月に発行された『肥後本妙寺』（金崎恵厚編纂・発行）には、清正逝去から葬儀までの様子が次のように記されている。

本國寺[16]日桓僧正、本満寺某聖、忽ち法駕を聯《つら》ねて当国に来り、柩前に香華を捧げ、法華を誦し（声に出して唱え）、忌景の間、専ら法会を修す。同十月五日、公の一百忌日を卜して葬斂の式を挙ぐ。桓（日桓）僧正を以て大導師となし、中尾山麓に霊廟を立て、遺骸を納む。浄池院殿永運日乗大居士の法諡は当時、桓僧正の撰ふ（決める）所なり。

公、曽て、近臣某をして寿蔵（生前に決めておく自分の墓）の地を卜せしむ。某、今の地を相して以て聞す。公、往きてこれを見る。すなわち喜びて曰く、嗚呼、この山、面《まのあた》り城中層級の最頂に対し、しかも等ふして高下なし（天守閣と同じ高さだ）。吾が第二の居城となさむと。

清正が生前、自ら足を運んで視察し、「良い場所だ、ここにしよう」と決めていた場所が、中尾山中腹の「浄池廟」だった。荼毘《だび》に付された後、遺骨を納めた柩は、清正の意思に従って浄池廟に納められたのである。

殯処の碑のある赤尾口に立つと中尾山麓の浄池廟がよく見える。悲しみに満ちた清正の厳かな葬列が続いたと思われる赤尾口から浄池廟までは、ゆっくり歩いても約三十分の距離である。殯処の赤尾口にはのちに一寺が建てられ、「静慶庵」と称したという。『日本歴史地名体系44　熊本県の地名』（平凡社、一九八六年）では「静慶庵跡」について次のように紹介している。

京町台地北西端にあった本妙寺支配下の庵。現在は熊本営林局敷地内ではあるが、昭和四十一年（一九六六）の営林局改築前までは周囲に柵がめぐらされ、『加藤清正公由緒之地』という標柱が建っていたと伝える。江戸時代の京町の絵図では「本妙寺支配の余地」として南北十二間・東西二十七間の無住地となっている。この地は慶長十六年（一六一一）六月二十四日死去した加藤清正を殯送した場所と伝える。『国誌』は『本妙寺塔頭ヨリ廿余町岩立ト云ヘル処ニアリ、周囲三百間計リノ処、日乗大居士（清正のこと）殯送ノ迹《あと》ナリト云ヘリ、塔石アリ』と記している。元禄（一六八八〜一七〇四）頃の絵図には「だび所」と記されている。それ以後の地図でも屋敷割がなされず「本妙寺支配の余地」と記しているので、清正の火葬地との伝承がある程度真実性をもつと考えられる。静慶庵は細川氏時代の絵図にはみられず、寛永九年（一六三二）の加藤忠広の改易を契機として廃寺されたのであろう。（略）

忠広に、家康から家督の相続と襲封が許されたのは、清正の死後から四十日後の一六一一年八月四日。正式に許可されたのは翌年の四月二日で、戦国時代を駆け抜けた父清正の葬儀をすませた忠広が江戸城に登り、家康に目通りしたのは同年六月六日のことだった。

三　清正公の菩提寺、本妙寺

日蓮宗六条門流　発星山本妙寺

加藤清正をまつる浄池廟のある寺として知られる肥後本妙寺。正式には「日蓮宗六条門流発星山本妙寺」という。熊本では「清正公《せいしょこ》さん」として親しまれているお寺で、本堂は、浄池廟に至る石段（胸突雁木）下の右側にある。

当初、中尾山中腹に設けられたのは浄池廟だけだったようで、熊本城内にあった本妙寺が当

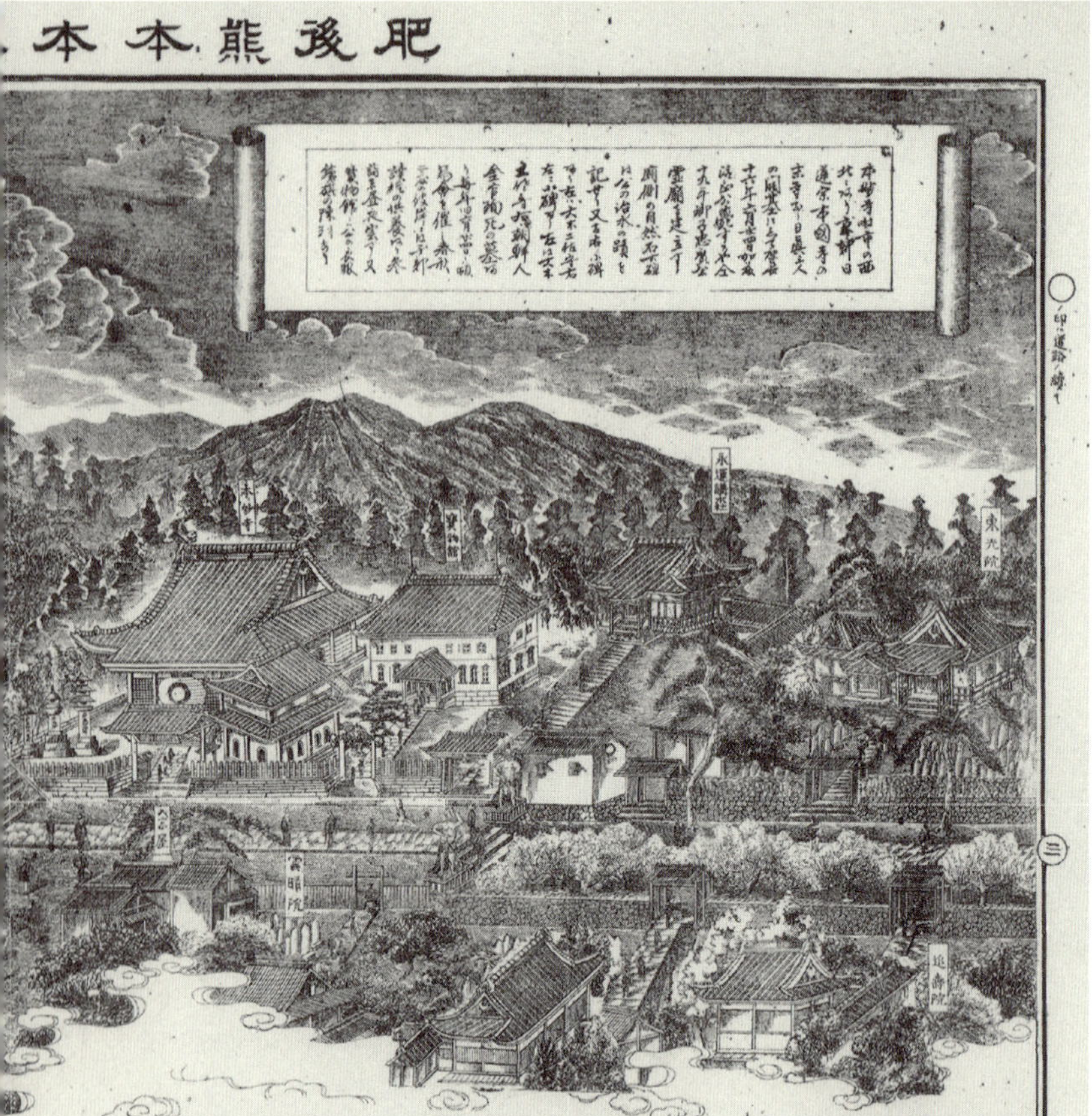

本妙寺全図（明治38年）

清正公四百年遠忌記念　銅版　明治38年　編集　藤野仁兵衛　発行所　藤野仁兵衛　所蔵　後藤

地に移されたのは一六一六年、清正の死から五年後のことである。以来、本妙寺は御廟所を守ると同時に、九州一円の日蓮宗本山「肥後本妙寺」として栄え、法灯を継いできた。

清正と本妙寺との関係は、清正の青年時代から始まっている。

秀吉と同郷の尾張国（名古屋）中村に生まれた清正は、母いと（聖林院）の影響で幼いときから熱心な法華信者だったことはよく知られている。

一五八三年、青年清正は、賤ケ嶽の戦[17]において七本槍の一人として武将デビューを果たし、主計頭《かずえのかみ》として三千石を領するようになった。それから二年後の一五八五年、父清忠の菩提を弔うため発星院日眞《にっしん》（一五五八〜一六二六）を開山として招き、摂津国（大阪府）に「発星山本妙寺」を開基した。

大坂に本妙寺を開基したときの清正は二十三歳、日眞は清正より四、五歳上の二十七歳。清正にとって日眞は、賢明な兄のような存在ではなかっただろうか。身分や立場は違っても、志高い二人の若者は、これ以降、ともに波乱万丈の人生を歩むことになる。

清正の外交官を務めた日眞上人

一五八八年、二十六歳で肥後半国一九万五〇〇〇石の領主に大抜擢された清正は、日眞上人をともなって熊本に入国した。このとき本妙寺はまだ大坂に残したままで、熊本城内にあった廃寺を法華の道場としたとされている。

文禄・慶長の役で朝鮮滞在中の一五九四年、清正の戦勝を祈願するため日眞上人は十人ほどの僧を引き連れて朝鮮に渡っている。[18] 李舜臣と並び称される朝鮮の義僧・四溟堂松雲大師《しめいどうしょううんたいし》と清正との三度にわたる和平交渉で、清正側の交渉役を務めたのは日眞上人である。彼は清正の重要なブレーンの一人であり、清正付きの外交官ともいえる人物だった。

一六〇〇年の関ケ原の戦後、九州において東軍として小西行長らと戦った清正は、肥後一国五十四万石の領主となった。

このころから本格的築城に着手。城内に豊国神社[19]を勧請し、大坂にあった本妙寺も熊本城内に移している。熊本城内の法華坂のそば、現在の野鳥園あたりに本堂があったという。

本妙寺の前住職、池上尊義氏は次のように語っている。[20]

「加藤家時代の本妙寺は領主の祈禱寺としての機能を果たしていたように思われる。慶長十六（一六一一）年、加藤清正が没し、その葬送の導師として西下した京都本国寺日桓は、この機会に本妙寺を同門流＝六条門流の九州総本山に定めたが、その証状のなかで本妙寺の由緒をのべ、『前肥州太守清正為現当二世御建立之霊地也』としている。日桓は、本妙寺をして清正の現世安穏後生善処の祈願寺と理解していたようであり、そうであるならば、清正生前の本妙寺はより濃密に清正の現世利益的祈禱寺の性格を有していたと言えよう。これより先、慶長十

（一六〇五）年に本妙寺は近衛信尹《のぶただ》(21)の執奏《しっそう》により、後陽成天皇から国家安全を祈るべき綸旨《りんじ》を賜り、翌年には永代紫衣《えいだいしい》を勅許され、これより以降、後陽成天皇勅願寺を称するようになるが、こうした点も本妙寺が本来的に死者追善のための寺院でなかったことを示しているといえよう」

本妙寺は「勅願寺」となった。国家や皇室の安泰と繁栄を祈願する寺へと、格式がぐんと上がったのである。

一六〇六年、永代紫衣を賜った(22)日眞上人は権大僧都法印となり、一六〇八年、本妙寺二世を日繞上人に譲って隠居した(23)。

しかし、二世の日繞は短命であったようで、翌年には遷化《せんげ》（死去）したため、日眞上人はふたたび本妙寺に戻って住職を務めていた。

そんな日眞にとって、予想だにしなかった早すぎる清正の死。

清正の葬儀には、京都本国寺から招いた日桓僧正とともに、本妙寺住職として日眞上人が立ち合った。

大役を終えた日眞上人は、翌年に「（清正の）一回忌を修したのち（跡を日遙に譲り）清正の廟所近くの天台旧跡妙楽寺に隠棲して寛永三年／一六二九年に没した」という(24)。

頓写会の生みの親、日遙上人

本妙寺三世となったのは本行院日遙である。瀕死の床にあった清正が、三世は日遙上人に、と遺言したという説もある。熊本では「高麗上人」として知られた人物である。

日遙は朝鮮の生まれ、幼名を余大男《ヨデナム》といった。文禄の役のときに清正軍の捕虜となり、清正にその聡明さを見込まれ、京都本国寺の日乾上人のもとに預けられて法華修行と学問に励むことになった。日乾《にっけん》上人とは後の身延山《みのぶさん》（日蓮宗総本山）法主であり、日眞上人の師でもあった人なので、僧侶として最高のエリート教育を受けたことになる。

一六一二年、本妙寺三世に就任(25)。自分を育ててくれた清正への報恩の念篤く、日眞上人とともに執り行った清正の一周忌には、数カ月を費やして「法華経」八巻二十八品、七万語の「法華経」全巻を写経、清正の墓前に供えたという。

三回忌に際しては一山の僧たちと協力し合って「法華経」を書写したところ、一夜にして写経が完成。これが現在につづく「本妙寺の頓写会《とんしゃえ》」（七月二十三日）のルーツとされている。本妙寺三世の日遙上人こそが、熊本の夏の風物詩として毎年十万人を超す参拝者で賑わう頓写会の生みの親なのである。

日遙上人が三世となって間もない一六一四年、熊本城内にあった本妙寺が火災で焼失した。日遙上人は、若き藩主忠広に対し、これを機に本妙寺を清正の廟所近くに移すことを進言。

許されたので、本妙寺は移築されることになった。

一六一六年、中尾山麓の現在地に本妙寺が完成。遷仏落慶法要が行われた。浄池廟のある本妙寺が日蓮宗六条門流の九州総本山として世に知られるようになったのは、このときからである。

神仏分離や西南戦争を乗り越えて

本妙寺は、加藤家改易後も細川家の庇護を受けながら法灯を継いできた。

明治時代、新政府は神道を国教化するため神仏分離を行った。全国各地で廃仏毀釈運動が起こり、多くの貴重な文化財や建物が失われた。本妙寺でも一八七一（明治四）年、浄池廟の社殿が熊本城内に移されて加藤神社となり、拝殿は撤去されるという一大事が起こった。さらに西南戦争で大本堂焼失という災難にも遭遇した。

しかし、神仏分離や火災などの苦難を乗り越え、本妙寺大本堂と浄池廟は一八九四（明治二十七）年、現在の姿に再興された。清正公の遺品や宝物の数々が本妙寺の寺宝として継承され、現在まで保存されてきたのは、まさに奇跡と言えるかもしれない。

四　本妙寺宝物館

宝物館のあゆみと清正遺品目録

「本妙寺宝物館」（現在の本妙寺加藤清正公記念館）は浄池廟の中門をくぐって右手にあるが、熊本地震の被害を受け、今は閉鎖されている。

本妙寺が所蔵する清正の遺品について、初めて目録がつくられたのは、一八九九（明治三十二）年発行の『肥後本妙寺』の制作がきっかけだったという。著者は金崎恵厚氏。当時の本妙寺住職だった一本院日柱（三十四世、一八七三〜一九二六）のことである。境内に初めて煉瓦造りの本妙寺宝物館が完成したのもこの三十四世日柱の時代で、本妙寺の近代的な文化財保護事業はこれをもって始まる。

二〇一〇年、「清正公四百年遠忌記念　加藤清正と本妙寺の至宝展」が熊本市の鶴屋百貨店で開催された。このときの図録に、池上正示氏（現住職）が本妙寺宝物館のあゆみを紹介している。

一八七七（明治十）年　西南の役で本妙寺大本堂焼失
一八九九（明治三十二）年　『肥後本妙寺』（目録）発行

一九一二（明治四十五）年　煉瓦造りの本妙寺宝物館開館
一九三四（昭和九）年　本妙寺で宗宝調査実施
一九六八（昭和四十三）年　第四十世、池上尊義氏就任
一九七九（昭和五十四）年　老朽化した宝物館を移転・新設
一九七九〜八〇（昭和五十四〜五十五）年　熊本大学教授の松本寿三郎氏・森山恒夫氏らと語らい、熊本美術館が文化庁の国庫補助事業による本妙寺所蔵全文化財の一斉調査を実施
二〇〇八（平成二十）年　「加藤清正公と本妙寺の文化遺産を守る会」発足（会長：崇城大学学長・中山峰夫氏、最高顧問：細川護煕氏）

本妙寺宝物館には、清正の遺品だけではなく、日蓮宗の宗門に関する文化財や加藤家に関わる文書、書画、工芸品など約一四〇〇点が収蔵されている。

しかし、何といっても圧巻は、清正ゆかりの遺品、武具や古文書、愛用品などである。

二条城での秀頼と家康との会見のとき、清正が懐に隠していたという「備州長船祐定作・短刀」（県指定重要美術品）、清正のトレードマークである「蛇の目紋長烏帽子兜」、虎退治で名高い「片鎌槍」、清正着用の「白檀塗蛇の目紋蒔絵仏胴具足」、清正所用と伝わる名刀「国広」な

どなど。また、清正の愛読書だったという『紙本墨書・日本紀竟宴和歌(26)』(上下二巻、国指定重要文化財)、清正の海外交易を示す「絹本墨書・安南国書(27)」(国指定重要文化財)など、熊本の宝と言うより、まさに日本の宝とも言える遺品の数々である。

本妙寺宝物館は、熊本の至宝を所蔵するミニ博物館とも言える存在。熊本地震の復旧作業を終え、一般公開の再開が待たれている。

【注】

(1)「清正は、両王子(朝鮮王子の臨海君と順和君)を受け取り、従臣弐百余人を具して日本の陣に帰る。是迄王子に従ひ来りし小侍郎良甫鑑、清正の仁心深く凡人にあらざるを見て降参し、永く加藤家に仕ふ。清正、米弐百石宛を与えて近習に差し置かる。小侍郎良甫鑑は後宮の金鍵を預り、金銀の出納を司る官なり。朝鮮宮中の人、皆、金官金官と称す。遂に日本へ渡海して加藤侯の御殿にありても、金官々々と称呼す。遂に通称となつて名の如くなれり(金官と称されるようになった)云々」(『真撰清正一代記』)とあるが信憑性は薄いとされている。

(2)一五九二(天正二十)年七月、清正は会寧において朝鮮の二王子を捕らえた。

(3)松田甲著『日鮮史話1』復刻版、原書房、一九七六年

(4)この項の日付の出典は『新熊本市史　通史編第三巻近世I』年表による。

(5)肥後本妙寺寺宝、「短刀:銘 備州長船祐定作」、「網代鞘合口拵(清正拵)」。

(6)延岡市内藤記念館学芸員(元熊本市立熊本博物館学芸員)。熊本市で配布されている冊子「加藤清正

の実像」は、大浪氏の東京大学史料編纂所の二〇一二・二〇一三年度一般共同研究「加藤清正関係文書の基礎的研究　所在調査・編年・目録化」の研究成果の一部。

（7）水野忠重の娘。

（8）十七世紀初めごろ、古橋又玄が先人の記録を三巻にまとめて本妙寺に献呈したもの（『肥後文献叢書第二巻』所収）。

（9）一六六四年、古橋又玄が『清正記』の欠点を補完して清正の伝記を物語風にまとめたもの（『肥後文献叢書第二巻』所収）。

（10）『新熊本市史　通史編第三巻近世Ⅰ』一五九ページ

（11）母は側室の正応院。

（12）「加藤清正と本妙寺の至宝展」図録、二〇一〇年、六六ページ

（13）上熊本駅は、ＪＲ鹿児島本線・熊本電気鉄道の駅。

（14）『日本歴史地名体系44　熊本県の地名』平凡社、一九八六年

（15）熊本県立美術館「生誕四五〇年記念展　加藤清正」図録、二〇一二年、一九八ページ

（16）当初は「本国寺」と称していたが、一六一五年、徳川光圀（水戸黄門）がここで実母の追善供養を行った際、圀の字を贈った。この時から「本國寺」と改名（本國寺ホームページ）。

（17）琵琶湖北部の賤ケ岳付近で起きた秀吉と柴田勝家の、信長の跡目相続をめぐる戦い。

（18）池上尊義「肥後本妙寺と清正公信仰の成立――近世庶民の法華信仰展開の一側面」

（19）秀吉は死後、京都東山の阿弥陀ケ峰に葬られたのち豊国社が建てられ祭神となった。神社は大坂夏の陣後、家康によって破却され、現在のものは一八八〇（明治十三）年、再建されたもの（京都観光公式サイト）。

（20）熊本県立美術館「昭和五十四・五十五年、本妙寺歴史資料調査報告書」の「本妙寺――その創建と沿

革」

(21) 近衛信尹（このえ・のぶただ、一五六五〜一六一四）、安土桃山時代の公家。近衛前久の子。

(22) 紫は帝の色とされる。紫衣を賜ることは最高の栄誉を受けること。

(23) 日眞が隠居したところは、一六〇〇年五月に亡くなった清正の母の墓所の地に建てられた寺（現在の妙永寺、熊本市中央区横手一丁目）。

(24) 前掲(20)

(25)『熊本県大百科辞典』「日眞」の項、六三一ページ

(26)『日本書紀』に登場する神々や人物を詠んだ和歌集で、鎌倉時代の宗尊親王の手になる筆写本。清正の愛読書だったという。

(27) 安南国（ベトナム）に朱印船を派遣した清正に対し、安南国王から送られた書簡。

第二章
清正公の南蛮服

一　清正公の南蛮服

出会い

私が初めて本妙寺宝物館を訪れたのは、もう三十年以上も前のことである。読売新聞社出版局発行のムック本『ザ・熊本』の企画・編集に携わることになり、下調べを兼ねて熊本を歩いた。本づくりには熊本城、そして加藤清正は外せない。清正関係の資料を探しているとき、人を介して知ったのが本妙寺宝物館の存在だった。

一七六段の胸突雁木を、息を切らせてのぼったことを覚えている。

当時の宝物館は浄池廟拝殿の地下にあった。ひんやりとした半地下に降りていくと、天井が低くて薄暗い倉庫のような収蔵室があり、三列か四列の展示用ガラスケースが並んでいた。ケースのなかに清正ゆかりの刀、短刀、お膳やお椀などの調度品、数々の古文書が並び、蛇の目紋の長烏帽子や重々しい具足なども展示されていた。時間が止まっているような収蔵庫だった。

そして、そんななかで見たのだ、トルソ（胴だけのマネキン）に着せられた「シャツ」を。部屋が薄暗かったせいだろうか、肉体をもつ人物が実際に立っているように見え、鳥肌が立った。

これが私の最初の「清正公着用の南蛮服」との出会いである。

南蛮服というより、少し古びてはいるが「シャツ」である。女性用のブラウスのようなドレスシャツで、とても四百年前のものとは思えない。私が地下の収蔵庫で見たのは「モダンなシャツを着た清正公」だった。

面食らった。当時、私が清正公について持っていたイメージといえば、りっぱな髭をたくわえた偉丈夫で、戦場にあっては鬼将軍と怖れられる勇猛果敢な猛将、築城・治水の神様、秀吉の子飼いであり豊臣家の忠臣、全国各地の加藤神社に祀られた軍神、映画やドラマではいつも単純明快な荒くれ者の武将として描かれる清正……程度の知識しかなかった。

清正の愛刀だったという「同田貫《どうだぬき》」にも清正のイメージを重ねていた。同田貫の名前の由来は、もともと肥後隈本の名門・菊池氏お抱えの刀工が住んだ場所の一つ、同田貫という地名にちなむという。実用一点張り。反りが浅く、身幅が広くて、重ね（刃の厚み）が厚い、地場産の刀である。刀工たちが菊池地方から県内に散らばって住むようになると、刀はそれぞれの場所で生産されるようになったらしい。風格ある名刀というより、兜を真っ二つにするほどの豪刀として知られ、清正は文禄・慶長の役にも同田貫の刀工を同伴しているし、熊本城の備えの刀として武器庫にズラリと並べていたという。清正には、装飾を廃した実用的な同田貫が何と似合うことか。

そんな先入観をもって入った収蔵庫で出会った「清正公の南蛮服」。出会った瞬間、なぜあれほど魅了されてしまったのか、今でもよく分からない。

あの日からもう三十年が過ぎた。

四百年前のシャツ

清正ゆかりの展覧会で、あるいは写真で、「清正公の南蛮服」をご覧になった方もあるだろう。清正公着用の南蛮服は、「国内に現存する最古の南蛮服（上衣）」と言われている。四百年前の舶来品の服である。繊維類は長期保存がきかないので残っていてもボロボロになっている場合が多いというが、清正公の南蛮服は保存状態が良く、形も生地もしっかりしている。

二〇一二（平成二十四）年夏、熊本県立美術館において「生誕四五〇年記念展　加藤清正」が開催された。もちろん私も観に行った。このとき発行された図録に、「清正公の南蛮服」について、同館主任学芸員の山田貴司氏による次の解説が掲載されている。

【清正が着用したという南蛮服　南蛮服ジバン】

加藤清正所用、丈63・0センチ、桃山時代、16世紀、本妙寺所蔵

「ジバン（gibão）」とはもともとアラビア語の「jubben」に語源を持つポルトガル語。のちに小袖の下着を意味する「襦袢」という言葉に転じたが、当初は十六世紀後半に来日した「南蛮人」（ポルトガル人・スペイン人など）が着用していた衣服のひとつであった。ジバンをはじめとする彼らの服装は当時の日本人に大きな影響を与え、戦国武将たちは競って南蛮ファッションを求めた。加藤清正もまた、そのひとりであったのだろう。

本作品は、清正が着用していたというジバン。やや高めにとられた立襟と前面・袖口に多くあつらえられたボタンを特徴とする。立襟のジバンに和服を重ね着するスタイルは、桃山時代に流行した最新ファッション。清正もこうした着こなしを好んだのであろうか。

なお、生地や仕立てなどから、本作品は、ヨーロッパより伝えられた舶来品と見られる。海外貿易に積極的であった清正は、スペイン系の商人とも関係を持っていた。海外貿易を展開する中で、本作品は入手されたのかもしれない。

清正公の南蛮服は、桃山時代から江戸時代初期にかけて描かれた多くの南蛮屏風で見るような、襟首にたっぷりした白いヒダ飾りがついた豪華な南蛮服とは全く趣が異なり、非常にシンプルである。

生地の色はグレーの単色に見え、渋くて落ち着いた色合いをしている。しかしよく見ると、かつては白かったと思われるシャツの生地は、黒か紺色の細い縦縞が入った「唐桟《とうざん》」、江戸小紋でいう「極毛万《けまん》」、いわゆる「めくら縞」である。当時の国産生地は横縞が多かったようなので、異国の縦縞は、それだけでおしゃれの象徴だったらしい。

細身の袖や、ウエストで切り替えられて裾広がりになったデザインもおしゃれだ。印象的なのは、前立てと袖口に小さなくるみボタンがたくさんついていること。一つひとつの細かいボタンホールも繊細で、しっかりとかがられている。実際に着るとなると、一つひとつのボタンをかけるのがさぞ面倒だったことだろう。着付けは側仕えの小姓や家来が手伝っていたかもしれないけれど……。

これは本当に清正公が着用したシャツなのだろうか。

触れた!

熊本のムック本が完成し全国発売されたあとも、清正関係の企画展が開催されると「清正公の南蛮服」に会いに行った。ガラス越しに見ることはできても触ることはできない。もどかしかった。

そこで思いきって肥後本妙寺に手紙を出した。「所蔵の南蛮服を見せていただけないか」と。

清正の南蛮服
（「清正公四〇〇年遠忌記念加藤清正と本妙寺の至宝展」2010年より）

十年以上も前のことである。

快諾をいただいたので、メジャー片手に、ワクワクしながら出かけていった。服飾の門外漢どころか、ミシンさえ踏んだことがない素人なのに、ただただ南蛮服に会いたい一心から本妙寺を訪ねたのである。

迎えてくれたのはご住職だったのか、お寺の関係者の方だったのかは覚えていない。案内されたのは本妙寺寺務所の奥座敷だった。座卓の上に南蛮服、横には白い手袋が置かれていた。四百年前の服である。下手にさわると布地が崩れるかもしれない。

手袋を着ける前に、指先でそっと布地に触れてみた。冷たく、すべらかで、しっかりした感触である。しかし、素人の悲しさ、生地が何かは分からない。

座卓の上に南蛮服を広げていただき、白い手袋を着け、メジャーで脇下を起点に胸囲を測った。何度測っても一〇〇センチ強しかない。遠目に見たときは感じなかったけれど、男のシャツにしては小さすぎるのではないかという印象を受けた。

清正は六尺三寸（一九〇センチ）の巨漢だったという。御廟拝殿地下の収蔵庫で見た清正のものと伝えられる手形も大相撲力士「雷電」並みの大きさだった。しかし、実際にメジャーで測った南蛮服の胸囲サイズは、素人の私が見ても紳士物の「S」サイズで、清正の胸囲は約九〇センチ、身長は一五〇〜一六〇センチほどだったと思われる。この南蛮服を本当に着用していたのなら、清正公のボディサイズは小柄だったとしか考えられない。

肩幅、袖丈、襟口、身丈と次々に測っていった。測りながら、門外漢である自分が情けなかった。服飾研究者や紳士物のシャツを縫ったことがある人なら、襟や袖の形、デザイン、ボタンなどの縫製技術を見ただけで、香り立つ南蛮の匂いや、清正公を身近に感じることができただろう。憧れの清正公の南蛮服を目の前にしても、私にとっては文字どおり「猫に小判」だった。礼を尽くして待っていてくださった本妙寺さんには本当に申し訳なく、恥ずかしかった。

このときの無力感をしっかりと胸に刻み、私はめげることなく「清正公の南蛮服」を追いつづけた。

南蛮服と洋服

「南蛮服」と「洋服」は、どう違うのか。
『国史大事典』（吉川弘文館）によれば、「十六世紀に日欧交通が開かれ、初めてわが国に渡来したポルトガル・スペイン人の服装は南蛮服という。江戸幕府鎖国時代に長崎出島在留を許されたオランダ人の服装は紅毛服と呼ばれ、開国後流入した近代西洋服が洋服といわれた。（洋服という）その名称は、長崎済美館教授方柴田大介『方庵日記』慶応三年（一八六七）四月十日条にみえ、明治以降広まった」とされている。[1]
「南蛮」という言葉の定義については、日欧交流史が専門の松田毅一氏の解説を紹介しておこう。[2]

南蛮という言葉は、十六、十七世紀のポルトガルを主とする南欧、または南欧風な文物に付されている。だがまた、十六世紀の末に来日したイスパニア人の宣教師は、日本人は、全ヨーロッパのことを南蛮 Nambanというともいっているし、新井白石は西洋紀聞のなかで、ポルトガル人のことを南蛮というとも、エウロパのことを俗に奥南蛮ともいうとも記している。詳細を省くことにするが、ともかく、徳川時代以前の日本人は、現在のポルトガル、イスパニア[3]、イタリアといった南欧三国と、東南アジアのポルトガルの植民地であったマラッカやポルトガル領のマカオを指して南蛮と称していたのである。

戦国時代、主にポルトガルやスペインから日本に持ち込まれた衣服を「南蛮服」と呼ぶが、舶来の生地を使って和風の陣羽織や小袖に仕立てたものも、「南蛮服」のジャンルに含まれる場合がある。

二　エポックとなった三つの研究報告

存在が知られるようになったのは昭和初期

清正公の菩提寺である本妙寺は、明治時代になると神仏分離や西南戦争による戦火など、大きな災難に遭遇した。しかし、一八九四（明治二十七）年には早くも大本堂と浄池廟は現在の姿に再興された。一九一二（明治四十五）年には煉瓦造りの本妙寺宝物館が完成した。

宝物館の計画中に寺宝の調査が行われ、一八九九（明治三十二）年に発行されたのが寺宝目録の『肥後本妙寺』である。

このなかで、「清正公の南蛮服」は「武器及雑具」の一つとして扱われ、「朝鮮縫立の御肌着」と紹介されている。当時はまだ、この服は文禄・慶長の役の際に清正が朝鮮で入手、あるいは朝鮮で仕立てたものと考えられていたようである。

昭和に入ると、この服の存在は熊本の人々だけでなく全国でも知られるようになり、何度か調査・採寸もされたようである。

そんななかで、「清正公の南蛮服」に関してエポック的な調査となった三つの報告を紹介する。

①　昭和十一年、江馬務氏[4]の調査（「南九州印象記」『風俗研究』一九六号）
②　昭和四十四年、野上俊子氏[5]による採寸と調査（「本妙寺所蔵の南蛮上着について」『風俗』第八巻第四号）
③　昭和四十七年、丹野《たんの》郁《かおる》氏による調査（『日本風俗史学会会誌』一九七五年七月号、「熊本市、本妙寺所蔵の伝清正公着用南蛮服遺品と、同市、島田家所蔵の伝細川忠興公着用の鎧下に関する管見」）

(1) 天下一品の奇宝

江馬務「南九州印象記」(『風俗研究』一九六号、風俗研究会、一九三六年)

京都生まれの江馬務氏は京都帝国大学史学科の第一回生。一九一六(大正五)年に雑誌『風俗研究』を創刊。一九六〇(昭和三十五)年に結成された日本風俗史学会の初代会長を務め、日本における風俗史研究の基礎を築いた人物である。研究分野は多岐にわたるが、専門は髪型と服飾。各地で展覧会などの指導に当たるなど風俗史研究と時代考証のパイオニアでもあった。

ここに紹介するのは、一九三六(昭和十一)年七月、江馬氏が熊本市中等教育会や裁縫手芸研究会の招きに応じて南九州各地を歴訪した際の印象を『風俗研究』に寄稿した紀行文である。一九三四(昭和九)年に本妙寺で行われた宗宝調査の結果を受けての南九州訪問であったと思われる。熊本を訪れた最大の目的は、本妙寺蔵の「清正公着用の朝鮮縫の肌着(南蛮服)」の調査にあった。

本紀行文のうち、南蛮服に関する箇所だけを掲載する(旧漢字は常用漢字に改め、読みやすいよう「、」を挿入した)。

本妙寺の宝庫は私専門の関係資料の豊富な点で、熊本第一の博物館である。清正公の頭蓋形の兜、同朝鮮縫の肌着、御膳椀、菓子器、馬表、草履などが第一に目についた。なか

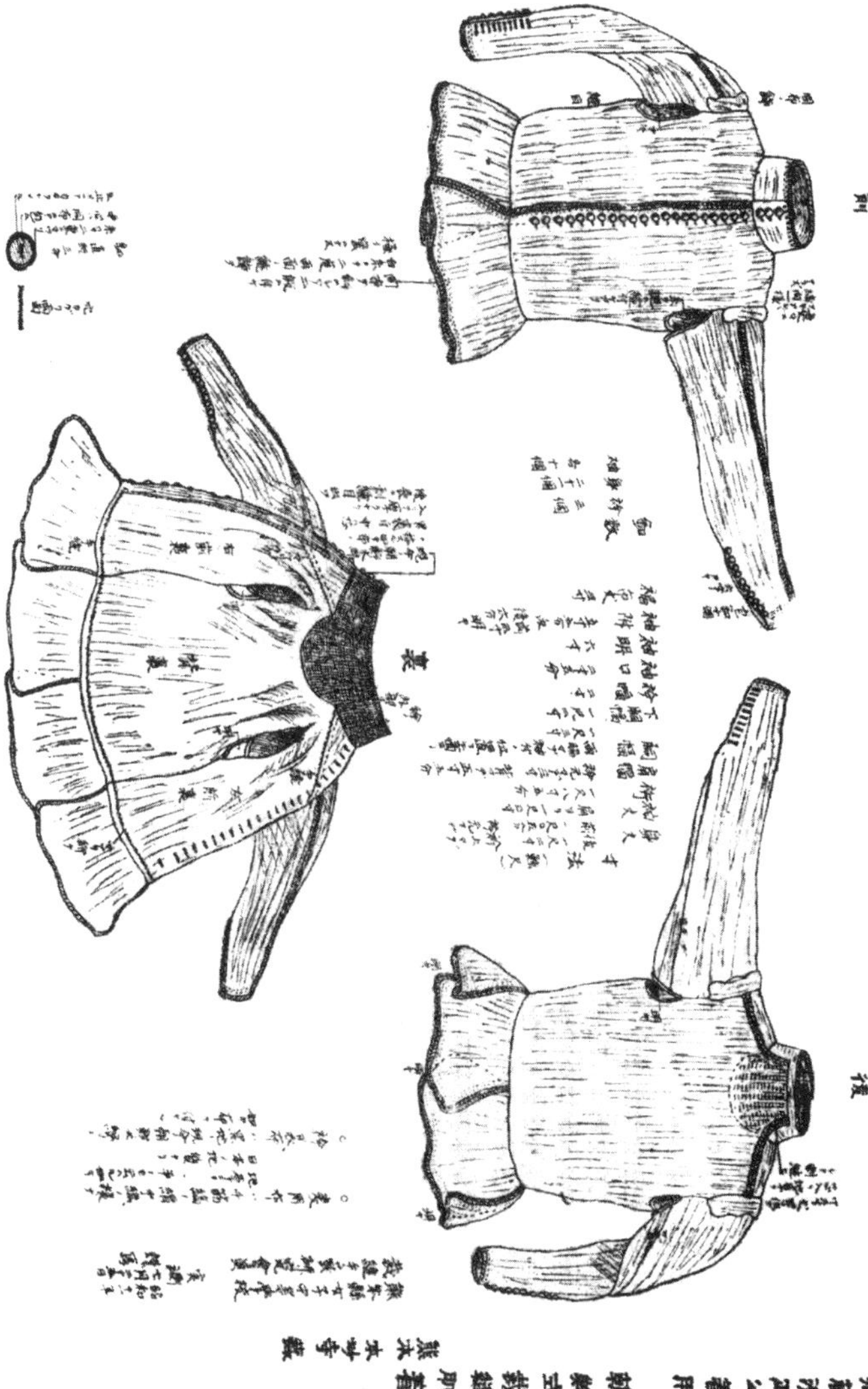

天下一品の奇宝。江馬務「南九州印象記」（『風俗研究』一九六号, 1936年）

んずく朝鮮式の下着というは別稿にも見ゆる如く、上頸で手頸も細く、全部ボタン付きでシャツ状のものであり、一見、南蛮の舶来品かと疑いしむるものである。私はこの肌着について多大の感興を惹いたのは、日本にボタンを利用する衣服は、だいたい元禄以後とされていることで、(コハゼは古いが)この衣服の実在を見るに及んで、ボタンの伝来極めて古く、ことに朝鮮でこれを使用し、我が国に伝来したという新記録を得るに至ったことで、この肌着は日本服飾史の一頁に特筆すべき重大性があり、天下一品の奇宝にして、国宝に値するものなることを世人、ことに熊本の方々に注意したいことである。(略)

江馬氏のこの紀行文には、江馬氏立ち合いのもとで「清正公着用の朝鮮縫の肌着(南蛮服)」が実測され、熊本県女子中等学校の山本八重子氏・陣内キイ子氏が描いた写生画も添えられている(下絵は下林素光氏)。

江馬氏は清正公の肌着を観察し、朝鮮縫いとされてはいるが、紛れもなく「南蛮の舶来品」だと確信、相当な感銘を受けられたようである。

後日、江馬氏は、一九六三(昭和三十八)年十一月発行の雑誌『淡交』の増刊南蛮美術特集号に寄せた原稿のなかでも、

「現在南蛮衣服で残っているのは、上杉神社の上杉謙信着用のケープや下衣、熊本本妙寺の加

藤清正の肌着などである。謙信のケープは天鵞絨[6]（ビロード）であるが、意匠が日本模様で、あるいは南蛮の地質を日本風に仕立てたものとも考えられるが、加藤清正のものこそ、真正な南蛮もので、絹に青の千筋の嶋《縞》があり、裾継フリル付のもので、明らかに南蛮渡来の仕立てであって、正しく国宝に値するものである」（「南蛮風俗あれこれ」）
と絶賛されている。

（2）型紙は西欧最古の裁断図と同じものが使われていることを発見

野上俊子「本妙寺所蔵の南蛮上着について」（『風俗』第八巻第四号、日本風俗史学会、一九六九年）

野上俊子氏は京都光華女子大学名誉教授で、専門は服飾史である。一九六九（昭和四十四）年に野上氏のこの論文が発表されたころは、すでに江馬氏の論文などにより清正公の南蛮服が舶来品であることが知られていた。

熊本女子短大学長・光島賢正氏の協力により、本妙寺において清正公の南蛮服を実測調査した野上氏は、①形態、②裁断構成、③寸法、④縫製などの面から考察し、実測した際のスケッチも残している。南蛮文化を概説した野上論文の前段は省略し、後半の調査報告を要約して紹介する。

まず、シャツの形態。

清正公のシャツは、十六世紀後半のヨーロッパにおける男性上着として一般的だったプールポアン[7]（pourpoint）と共通していることから、十六世紀末期から十七世紀初期に製作されたものではないかと考察。また、南蛮屛風に描かれた南蛮服との対比において、清正公のシャツは上流階級の南蛮商人の服ではなく、どちらかと言うと下級従者たちの服装に近い、としている。

次に裁断構成について。

裁断構成（裁縫用型紙、パターン）は、①前後ほぼ同形の二枚裁ちの袖、②前後別の裁断で、特に襟の後ろはのぼり襟式に身頃《みごろ》から続いた裁ち出し、③扇形に裁断したペプラム（ウエストのフレア部分、バスクともいう）などの特徴がある。

洋服の仕立ては、和服の直線断ちとは異なり、一枚の布から、体にフィットする襟、袖、身頃などを効率的にハサミで切り出すため、デザインや着る人のサイズに合わせた型紙（パターン）が必要になる。清正公の南蛮服の製作において使われたと思われる型紙は、一五八九年（一五八七年とも）、スペインのマドリードで出版された西欧最古の裁縫技術に関する本[8]に掲載された型紙と類似していた。

野上氏は、清正公のシャツは、この本に掲載されたものと同じ型紙を使って、十六世紀末期に製作されたものであることを発見されたのである。驚くべき発見だった。

また、南蛮服の丁寧な縫製から、和服の仕立てに慣れた日本人が見よう見まねで作った衣服ではなく、洋服の仕立てに熟練した人の手になるもので、仕上がった形で渡来したもの、内衣（肌着）ではなく上着として着用されたもの、と推察している。

疑問点も提示している。

まず、シャツのサイズが小さいことである。上着丈は五五・五センチ、身頃幅四八センチ、背丈四五センチ、袖丈四九センチ、背幅三九センチ、胸幅三六センチしかない。このサイズから考えると、胸囲八三～八四センチ程度の小柄な男性か、十五～十六歳程度の少年が着用したものかもしれないと野上氏。

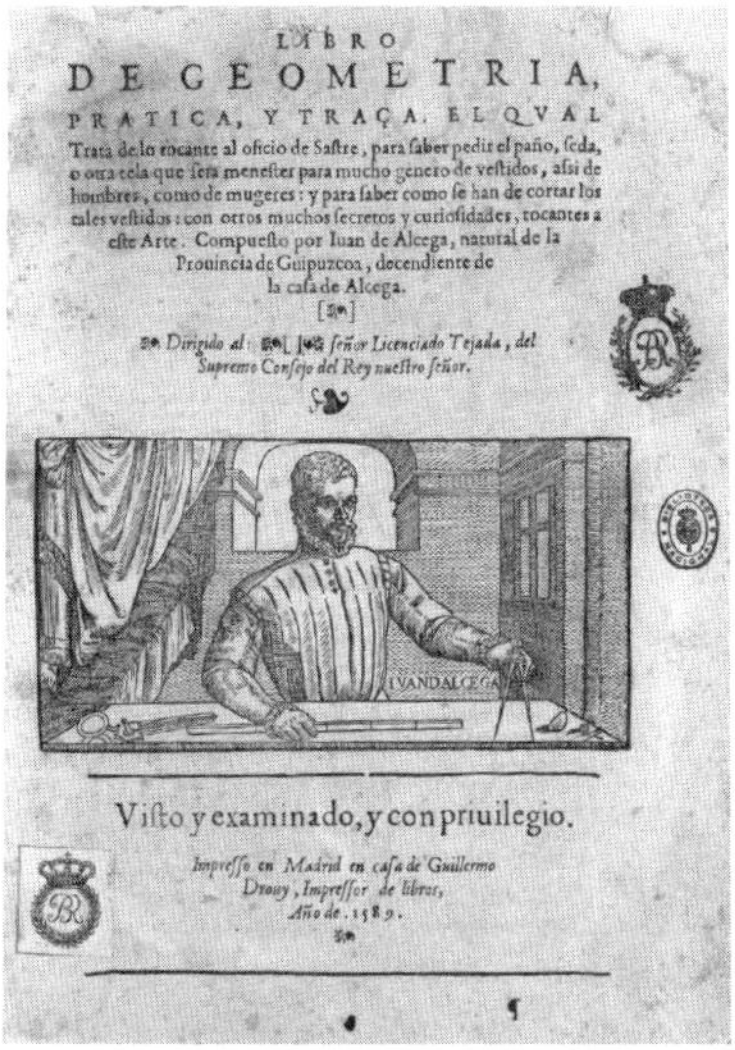
LIBRO
DE GEOMETRIA,
PRATICA, Y TRAÇA. EL QVAL
Trata de lo tocante al oficio de Sastre, para saber pedir el paño, seda, o otra tela que sera menester para mucho genero de vestidos, assi de hombres, como de mugeres: y para saber como se han de cortar los tales vestidos: con otros muchos secretos y curiosidades, tocantes a este Arte. Compuesto por Iuan de Alcega, natural de la Prouincia de Guipuzcoa, decendiente de la casa de Alcega.
Dirigido al señor Licenciado Tejada, del Supremo Consejo del Rey nuestro señor.
IVANDALCEGA
Visto y examinado, y con priuilegio.
Impresso en Madrid en casa de Guillermo Druoy, Impressor de libros, Año de 1589.

西洋最古の裁断書。Libro de Geometria Practica Y Traca, Juan de Alcega, Guillermo Druoy, Madrid, 1589.

シャツの生地は、比較的光沢に富み、手触りが柔らかく、糸の作りも細くて美しいが、絹か木綿かははっきりせず、絹だとしても高価だった絹を一般の南蛮人が使用したかどうかは疑問だと報告されている。

野上氏は、「清正公の南蛮服はもともと下衣のボンバーシャ（膨らんだズボン）も揃っていて襞衿も添えられた完全な一揃いだったのではないか」と想像しながらも、「それにしても上着のみでも約三五〇余年間、たいした破損もなく保存されたことはまことに幸せなこと。今後ともこの貴重な文化遺産を大切に保存しなければならない」と、南蛮服が長きにわたって大切に保存されてきたことに驚かれ、賞賛されている。

（3）清正公の南蛮服研究の決定版・丹野調査

丹野郁「熊本市、本妙寺所蔵の伝清正公着用南蛮服遺品と、同市、島田家所蔵の伝細川忠興公着用の鎧下に関する管見」（『日本風俗史学会会誌』一九七五年七月号）

清正公の南蛮服調査の決定版と言えるのが、丹野郁氏の調査および採寸である。

図書館で、たまたま丹野氏の本、『南蛮服飾の研究――西洋衣服の日本衣服文化に与えた影響』（雄山閣出版、一九九三年）に出会ったのは十五年前くらいだったろうか。宝物を見つけた子どものようにドキドキしながら本を開いたことを覚えている。清正公の南蛮服の採寸、特徴などの記述は詳細を極めたもので、これ以上のものはないことは素人の私にも分かった。

丹野氏は一九三八年生まれ、東京女子高等師範学校（現お茶の水女子大学）卒業後、オレゴン大学、ソルボンヌ大学に留学し、埼玉大学教授となった。『西洋服飾発達史』（全三巻、光生館、一九五八～六五年）、『総合服飾史事典』（編著、雄山閣出版、一九八〇年）など多くの著作があり、国際服飾学会会長、日本風俗史学会評議員、ユネスコ・イコム・コスチューム部門国際委員会委員などを歴任、一九九〇年には勲三等宝冠章を受章されている。

清正公の南蛮服に注目されたのは、一九七三（昭和四十八）年四月に行われた日本風俗史学会関東支部の西洋服装史分科会例会で中山千代氏による研究発表、「本妙寺所蔵の上衣と島田家所蔵の鎧下」を聴き、初めてこれらの存在を知ったことがきっかけだったという。

論文のタイトルにうたわれた「島田家所蔵の鎧下」とは、熊本の歴史研究家だった島田真富氏（島田美術館の祖）が収集・収蔵されていた伝細川忠興公着用の鎧下二点のことである。丹野氏によれば、一点は淡青色の麻地一面に家紋を白く染め抜いた単衣《ひとえ》仕立ての鎧下、もう一点はベージュの紋織絹製(9)の薄い綿入れ仕立ての鎧下で、いずれも形は西欧式の上衣に似ているが、仕立て方は和服式だという（本書では「島田家所蔵の伝細川忠興公着用の鎧下」については触れない）。

丹野氏は、中山千代氏の紹介により、本妙寺住職の池上尊義氏、島田真富氏の協力を得て、一九七三（昭和四十八）年十一月二十三日と二十四日の両日、本妙寺において資料の実測・調査を実施された。この報告が、一九七五（昭和五十）年、『日本風俗史学会会誌』七月号に発表された「熊本市、本妙寺所蔵の伝清正公着用南蛮服遺品と、同市、島田家所蔵の伝細川忠興公着用の鎧下に関する管見」という論文である。

南蛮服の実物と初めて対面した丹野氏は、「上衣は小さく畳まれてガラス張りの箱に納めて展示されてあって、説明には『清正公御着用安南国式洋服（現存せる洋服では日本最古）』とある」と記している。

当時、本妙寺では南蛮服を「安南式洋服」と説明していたことに注目したい。江馬氏や野上氏の調査研究ではすでに上衣は「南蛮渡来の洋服」と結論づけられていたのだが、本妙寺ではまだ「南蛮服」という表現はしていなかったのである。丹野氏は箱書きを見てこう述べている。

「果たして、これが安南国式であるのか、誰が、いつ頃そう断定したものか明らかでない。確かに清正の時代に安南国と通商貿易を開いていたので、安南国を通って導入されたということかも知れない。しかし、少なくとも形態は、まさに、西欧式上衣（フランス語でプールポアン、英語のダブレット）であって、南蛮屏風に描かれている南蛮人の代表的上衣と同じであることは疑いがない」

南蛮屏風の南蛮人が着ている上衣と同じであることを確信した丹野氏は、さらに細かい観察と採寸を行った。服飾史研究者の鋭い目がとらえた清正公の南蛮服の特徴を、丹野氏の論文を要約して紹介する。

【布地】
●絹、または絹と綿との交織と思われる光沢ある密度の高い平織。もともとは白地だったと思われる。
●白地に濃いブルーの細い縦縞がある、いわゆるめくら縞[10]風の縞柄の生地。
●背の中央あたりと後バスク（basque／垂れ布）の部分に集中していくつか穴があいているが、布地がしっかりしているため、ほつれはない。その他の部分はほぼ完全な形が保たれている。
【形態（デザイン）】
●単衣仕立て。
●前開き、右前合わせ。
●身頃に二十一個、襟に三個のくるみボタンとボタンホールが付いている。ボタンホールには、しっかりしたボタンホール・ステッチがされている。
●腕はぴったりフィットした長袖。袖口は左右とも十個のくるみボタンで留める形式。
●ウエストラインの接目から下にはバスク（垂れ布）が付いている。
●襟は立襟（スタンドカラー）。
【袖】
●同じ形に裁たれ前袖と後袖を袖山で接ぎ合わせた二枚袖形式。使われたと思われる型紙は、

採寸図

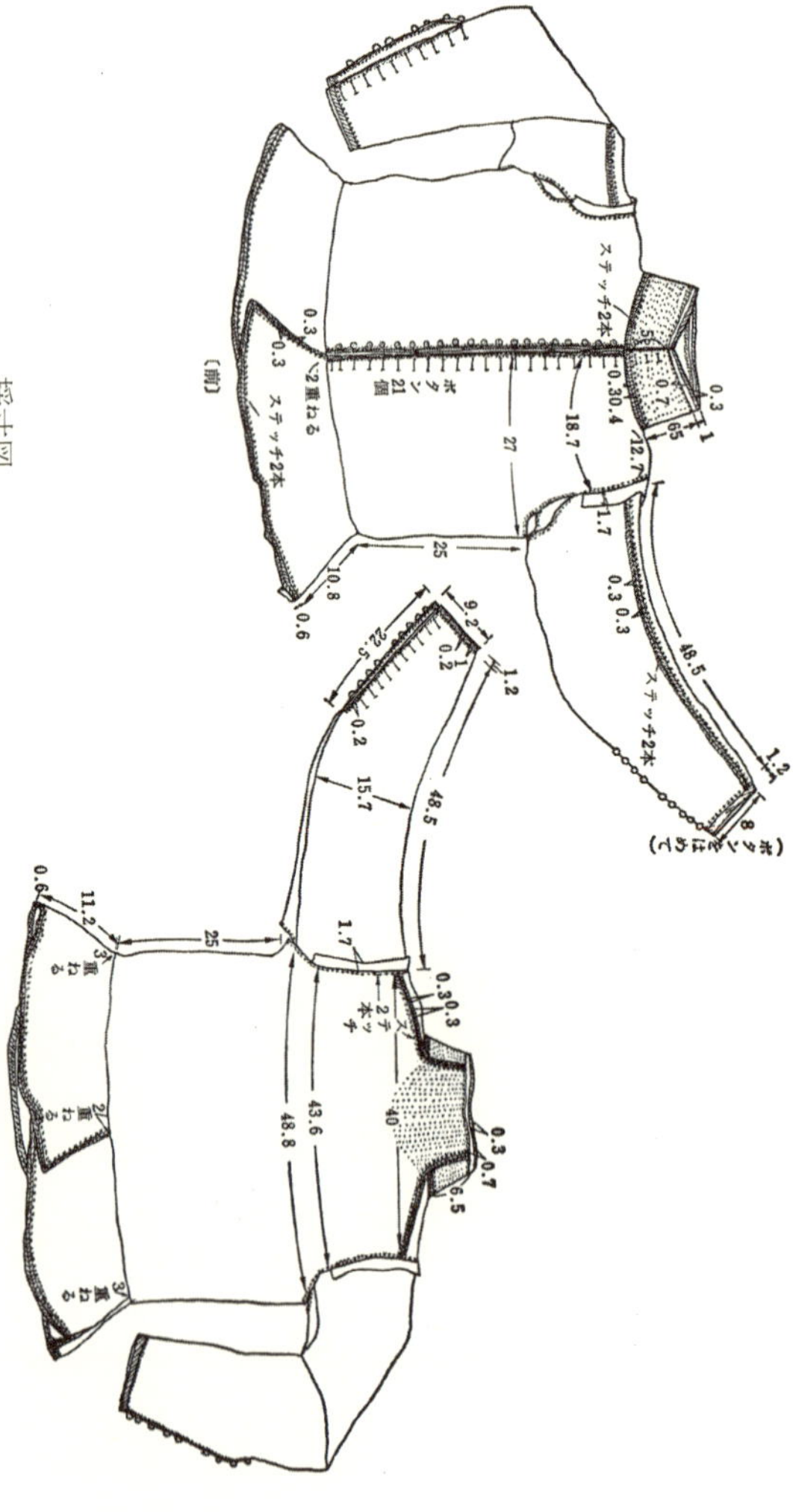
〔前〕
〔後〕
ステッチ2本
ボタン21個
2重ねる
重ねる
ボタンをはめて
0.3
0.7
65
1
12.7
18.7
27
0.3 0.4
1.7
25
10.8
0.6
48.5
1.2
8
9.2
22.5
0.2
15.7
11.2
43.6
48.8
40
6.5

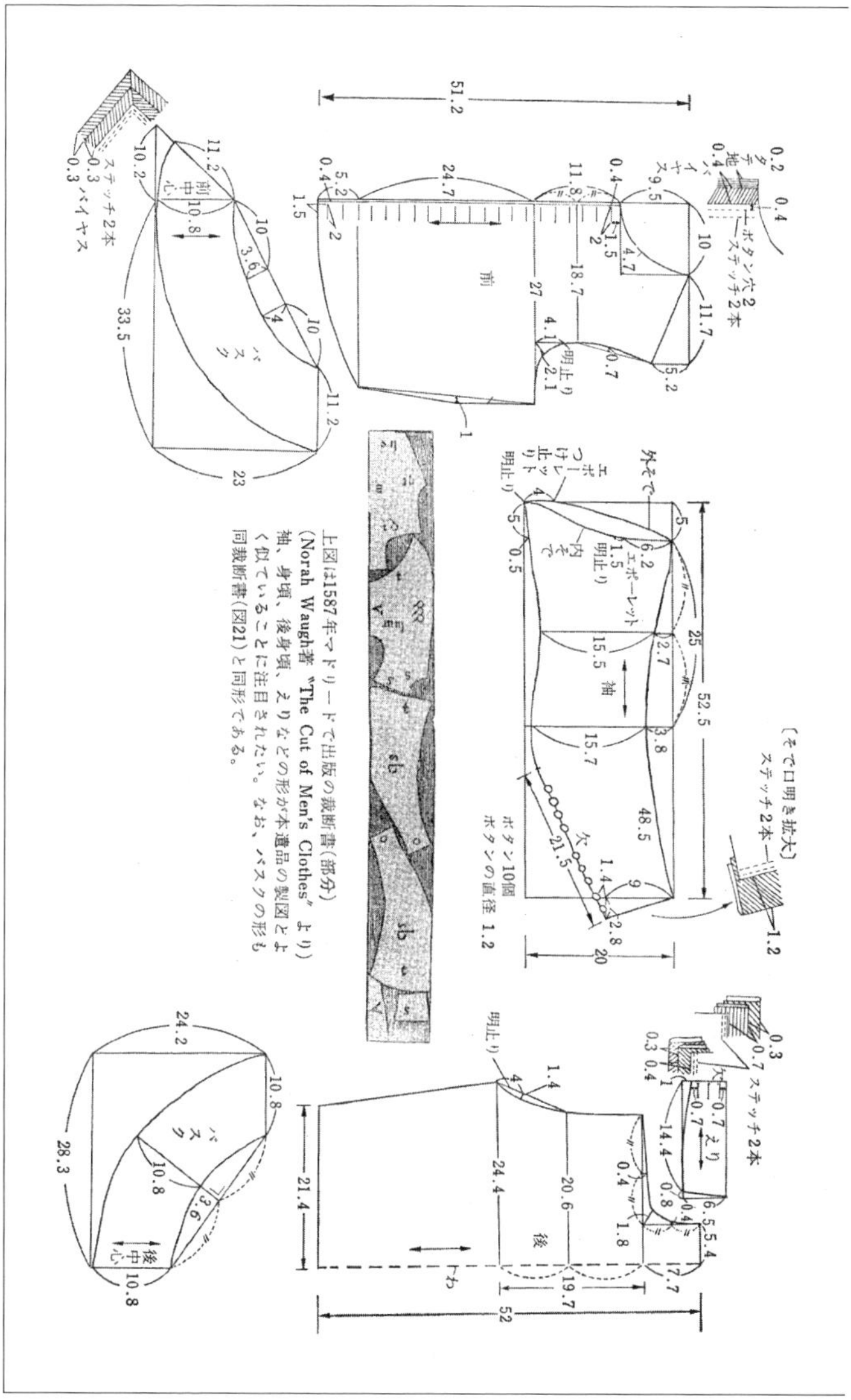

上図は1587年マドリードで出版の裁断書（部分）
(Norah Waugh著 "The Cut of Men's Clothes" より)
袖、身頃、後身頃、えりなどの形が本遺品の製図とよく似ていることに注目されたい。なお、バスクの形も同裁断書(図21)と同形である。

製図（丹野郁『南蛮服飾の研究』雄山閣出版，1993年）

一五八七年（または一五八九年）にマドリードで出版された西欧最古の裁断書と伝えられる書物に掲載されたものとほぼ同じ。

●袖山は、縞柄の共布を利用した細いバイヤステープで「Λ形」に装飾されている。

●袖は、上半分だけが身頃に縫い付けられていて、脇下は風通しや発汗、動きやすさを考慮して開いている。

●肩の接ぎ目には、幅一・八センチの表布を斜めに使った肩飾り（フランス語でエポーレット、英語でウイング）が付いている。

【襟】

●後身頃から高く立ち上がった立襟形式。前身頃には後ろと高さを揃えてバンド状の襟が付いている。この形式はイスパニア（スペイン）の創案で、西欧最古の裁断書の図でもそれがよく分かる。襟の幅は広く、前中央で七センチ。バンド状の襟が流行するのは一五九〇年代であるから、本妙寺所蔵の上衣は、襟に関していえば、一五八〇年代後半から九〇年代初めにかけてのものと思われる。

●後身頃は、襟ぐりから襟全体にかけて厚手の芯地を当て、刺子のように細かく刺して堅さを出している。このため、後身頃から直接立ち上がった襟は、学生服の立襟のようにしっかりしている。

●襟芯の刺し方の精巧さ、襟上端の始末の巧妙さなどは現代でも驚くほどの技法が使われている。特に難しい襟、袖のあたりは、返し縫い、まつり縫い、刺し縫いなどの技法を駆使して精巧に仕上げられている。

【バスク（ウエスト下のフレア部分、垂れ布）】

●上衣のバスクの幅は一一センチ。

●前中央で縦縞になるようにし、そこから三角形に裁ち出して、脇に向かってほぼ正バイヤスの角度で裁ってある。これも西欧最古の裁断書に示されているのと同じ。

●バスクとウエスト部分との接ぎ合わせは細かい返し縫い。裾端は表布のバイヤステープを用いて表から見てパイピング[11]風の飾りとし、それが裏側で精巧にまつり縫いされている。

●バスクは前後四枚の布を、脇、後中央で二〜二・五センチずつ重ねて取り付けてある。バスクの形や幅には流行がある。取り付け方などの特徴から丹野氏は、「この服は一五八〇年代半ばから一五九〇年代初めに作られたもの」とした。

【結論＝ポルトガル製の献上品】

シャツのサイズは、仕立上がり胸囲が一〇四センチ、胴囲九六センチ、背丈に襟幅を加えて五四センチ、背肩幅五〇センチであるから、日本人の男性の寸法としては標準に近いが、西欧男性の体型に比べると大変小さい。しかし、裁断法が当時イスパニアで発行された裁断図と類似点が多いことなどを考えると、ポルトガルで日本人向きに作られた上衣である可能性が高い。

以上のことから、丹野氏は、本妙寺蔵の上衣は一五八〇年代後半から九〇年代初めにかけて作られたもので、ボタンホール、まつり縫い、返し縫い、刺し縫いなど洋服仕立ての基礎技術に熟達した人が仕立てたもの、日本人による仕立てではなく西欧人自身の手によるもの、あるいはその支配下で（弟子か従業員によって）仕立てられ、献上品として直接日本へ持ってこられた、日本に現存する最古の洋服と思われると考察。これを清正は、おそらく鎧下として便利に用いたであろう」と結論づけた。

さらにこのシャツの着こなし方として、襟の内側に、別布のヒダ飾りを付けて着用した可能性もある、とも述べられている。

三　復元された南蛮服

福岡のシャツ職人が復元に挑戦

モダンで機能的な清正公の南蛮服。

先に紹介した野上俊子氏もその論文で疑問視されているように、私も、初めて清正公の南蛮服を見たときから、サイズが小さいことが気になっていた。シャツは胸囲が一〇四センチ、胴囲九六センチしかない。現在のサイズでいえば「S」サイズである。

身の丈六尺三寸（一九〇センチ）あったという清正とのイメージとは、あまりにもかけ離れている。当時、藤堂高虎や豊臣秀頼も身長が六尺近くあったというから、背比べでも決して彼らに引けを取らなかったはずなのだが。

戦国武将の成人男性の平均身長は約一六〇センチとされているから、清正の身長が一六〇センチ前後だったとしてもおかしくはない。

戦国時代の男性の胴囲は、鎧のサイズからも分かるという。

本妙寺の寺宝の一つに、清正所用の「白檀塗《びゃくだんぬり》蛇の目紋蒔絵仏胴具足[12]」がある。具足の胴高は三九・三センチ、胴回り（乳渡り）は九一センチである。また伝清正所用の「金小札色々糸威片肌脱胴具足」は胸高三八・六センチ、二枚胴の胴回りは一〇八・二センチ。

このことから推測すると、清正公の身長はやはり一五五〜一六五センチ、胸回り九〇センチ、ウエスト七八〜八〇センチといったところか。清正公は、当時としては標準の体型で、細身ながらも引き締まった体格だったというのが正解かもしれない。生前に描かれた清正公の肖像画もほっそりしている。

それでもまだスッキリしない。

体型を細かく採寸して型紙を起こし、立体的なシャツを仕上げていく仕立屋さんなら、写真や採寸図を見ただけで、清正公のボディサイズや南蛮服に関してもっとリアルな情報が分かるのではないかと思っていたところ、ある日、まさにぴったりの人を紹介された。六十年以上にわたって紳士物を中心にオーダーメイドのシャツを作ってきた福岡市在住のベテラン職人、筌《うけ》口《ぐち》澄生さん（株式会社筌口シャツ会長）である。

筌口さんに事情を話すと、「洋服の歴史は明治の文明開化から始まったもの。しかもこのシャツはボタンを使っている。日本におけるボタンの歴史は古くても江戸時代に始まるものだから、四百年前のシャツなどあるはずがない」と一笑された。

とりあえず資料をお渡しし、後日、もう一度お考えを聞かせていただくことを約束して辞した。それから二カ月ほどして連絡があったのでうかがうと、なんと、すでに「清正公の南蛮服」が復元されていた。あの後、本妙寺を訪ねられ、現物を見たうえで可能な限り手縫いで復元されたという。職人魂に火がついたらしい。復元された「清正公の南蛮服」は本妙寺に寄贈されたとのことである。裁断や仕立てのプロセスを見せていただきたかったのだが、時すでに遅し、だった。

「現代では考えられないほど人間のボディに忠実に仕立てていることに感動し、惚れ惚れした」というのが仕立師・筌口さんの感想である。現在、この南蛮服のレプリカは、本妙寺だけでなく熊本の新しい宝として、「本妙寺加藤清正公記念館」において大切に収蔵されている。
このレプリカに添えられた文章を原文のまま紹介しておこう。

【熊本本妙寺所蔵、南蛮服（ジバン）レプリカの概要】

平成二十三年十二月　株式会社筌口シャツ代表取締役　筌口清美

加藤清正公が着用された現物に拘《かか》わる説の中から、十六世紀当時、イスパニアにあったとされる裁断図、西欧では最古の裁断図と伝えられている。一五八七年（一五八九年）マドリードで出版された当時の図面書込寸法を現代風（二〇一一年）にアレンジして制作に懸りました。

生地銘柄　ゲッツナー
生地生産国　オーストリア
素材表地　純綿
織名　畝織、盲縞
企画構成　筌口平規
裁断師、縫製指導　筌口國臣
縫製師　河原逸夫

大阪堺で復元された南蛮服

「南蛮服」と言うとき、誰もがまず思い浮かべるのが、南蛮屏風に描かれた南蛮人が着ている南蛮服ではないだろうか。体にフィットしたベストのような胴着に肩飾りで取り付けられた細い袖、フリルの襟飾り、バルーンのように膨らんだズボン、つば広の帽子。なかには長いマントを着た南蛮人も描かれている。日本国内にはこのような南蛮人を描いた南蛮屏風が百双以上も現存しているという。

城山三郎の小説やNHK大河ドラマ『黄金の日々』でお馴染みのように、中世から戦国時代にかけて大いに栄えた堺市では、毎年十月、「堺みなとまつり」が開催されている。一九七四（昭和四十九）年に始まったこのまつりでは、期間中、ふとん太鼓[13]やなんばん衣装行列、火縄銃隊などのパレード、利休ゆかりの大茶会などが行われているという。

あるとき、「堺みなとまつり」でなんばん衣装行列を見たポルトガル大使から、十六世紀のポルトガルの服装とは異なっていると厳しく指摘された。これを受けて堺市文化観光協会では、ポルトガル友好四五〇周年という節目の年となった一九九三（平成五）年、ポルトガル帆船ザグレス号が入港することもあって、南蛮服の正確な復元を企画。復元を担当されたのが大阪薫英女子短期大学の橋本康子・松本敏子のお二人である。

復元された南蛮服は、肩に羽織るカッパ、ジュバーノ（上衣、プールポアンのこと）、カルサン（膨らんだズボン）など十三着に及ぶ。「清正公の南蛮服」との直接的な関係はないが、当時の南蛮服がどんなものだったかを知るためにも、復元の様子を紹介しておきたいと思う。

参考資料とされたのは大阪南蛮文化館所蔵の南蛮屏風である。その根拠を、両氏は、松田毅一氏の文章を引用してこう説明している。[14]

「大阪南蛮文化館（北村芳郎氏の私設美術展示館）は近時、最も注目を集めている南蛮文化財の宝庫である。南蛮人渡来図屏風二双のうち大型の六曲一双は昭和三十七年に堺の旧家から出たもので、同種の屏風六十点のうち最高の名品であることが、美術家および南蛮文化史の専門家から等しく認められている。これは狩野光信（狩野永徳の長男）一門の作と推定され、彼らは豊臣秀吉が文禄・慶長の役のために北九州名護屋に出陣し、長崎において南蛮船、南蛮人、バテレン等を直接観察して下書きを作製したらしい。教会内部の描写などはキリシタン信徒ならではと思われるし、南蛮人（ポルトガル人、黒人）の容貌、陸揚げされた南蛮の珍物、舶来の動物、イエズス会員とフランシスコ会員との区別等、克明に描かれている」（松田氏）

このことから、資料として使うのに最もふさわしいと考えたという。

南蛮屏風に描かれたカピタン（船長）は、ドイツのハノーバー国立美術館所蔵の十六世紀後期か十七世紀初期のものといわれるスペイン製の赤いビロードの衣服と酷似していることを知った両氏は、実際に現地調査も行っている。

生地は、江馬務氏の論文[15]を参考に、日本服飾学会会員である浅野織物社長・浅野能男氏の協力を得て、西陣織の錦の帯地を入手。ブレード（ひも）はフランス製の金絲、ラフ（襞襟）は化学繊維の入ったローンを使用した。

製図・裁断は、十六、十七世紀のヨーロッパ各国の衣服の裁断法が描かれた『パターン・オブ・ファッション』を参考にしたが、カルサン（ズボン）の製図裁断だけは資料がなく、イラン、トルコ、パキスタン、インドなどで今でも穿かれている「シャルワール型」にしたという。また、カッパについては、現物をイスラエルのナザレで入手し、裁断法がイランのチャドル[16]と同じであることも発見している。

清正公の南蛮服との関係が深い上衣（gibão／ジュバーノ、プールポアン）の復元については、「立衿で前びらきに、蜂のようにくびれた胴囲にみせるため、ウエストの切替線にペプラムを何枚もくっつけている。上衣丈は六五センチ前後の短衣である。上衣の袖は身頃と全部縫合されていない。すなわち脇の下に穴があいている形となっている。この形は筆者がイラン、トルコ、モロッコなどで採集した古い民族衣装の実物資料に多く見られたところである」と記されている。

お二人が復元されたプールポアンと清正公の南蛮服のシルエットはそっくり。しかし、復元された上衣の襟は、襟ぐりに幅広の布をぐるりと縫い付けたシンプルなスタンドカラーであって、精巧な清正のシャツの襟とは似て非なるものである。

カルサンやプールポアンの復元を担当した両氏は、南蛮服へのイスラム文化の影響を強く感じられたようで、結論として次のように述べられている。

「イベリア半島の歴史は八世紀初頭から半島全体がイスラム教徒の支配下に入り、一四九二年のグラナダ開城まで八世紀の間、イスラム政権が存続したのである。八〇〇年の長きにわたる統治を受けていた国がイスラム文化の影響を受けなかったはずがない。（略）ポルトガルには多くのアラビア語（特に農、医、薬、行政用語、商語）が入っている。風俗一般においてイスラム的要素は、家庭の習慣、気質、服装、音楽、宗教などに具体的に見ることができる。南蛮風俗はイスラム的要素のきわめて濃厚なものであったと見るべきである」と。

「堺みなとまつり」で復元された十三着の南蛮服は、友好四五〇周年を記念して来日したポルトガル帆船ザグレス号の船長や、同時来日のアルファマ舞踊団の演出家からも「完璧である」との評価を得、現在のパレードでも着用されているとのことである。(17)

四　清正公由来の南蛮風陣羽織も

八代市立博物館所蔵の陣羽織

清正公ゆかりの南蛮服は、本妙寺所蔵の上衣だけではない。陣羽織も現存している。八代市立博物館未来の森ミュージアム所蔵の、加藤正方《まさかた》が清正公より拝領したと伝わる「蛇目紋黒羅紗陣羽織」がそれである。

加藤正方は、加藤家の一族で、清正の家臣だった加藤可重《よししげ》（のちの右馬丞）の子。清正亡きあと筆頭家老として二代藩主・忠広を補佐するとともに八代城を築城、八代城下町の礎を築いた人物である。この陣羽織は、正方の遺品を管理する子孫の広島加藤家から八代市に寄贈されたものの一つだという。

金モールで縁取られた黒の陣羽織で、後身頃に三つ、前身頃の左右に一つずつの蛇の目がアップリケされており、蛇の目は緋色、目の中央は白地。一枚布を仕立てたもの。

本妙寺所蔵の現代的・機能的な「清正公の南蛮服」に比べ、こちらの陣羽織はシンプルなデザインながら豪華で力強く、意外なほど美的センスの持ち主だった清正の知られざる一面を物語っている。

本品については、二〇一二（平成二十四）年に開催された特別展「入城四百年記念　八代城主・加藤正方の遺産」の図録には次のように解説されている。

【蛇目紋黒羅紗陣羽織】

丈：八〇・八センチ、桃山〜江戸時代前期

八代市立博物館未来の森ミュージアム所蔵（広島加藤家資料）

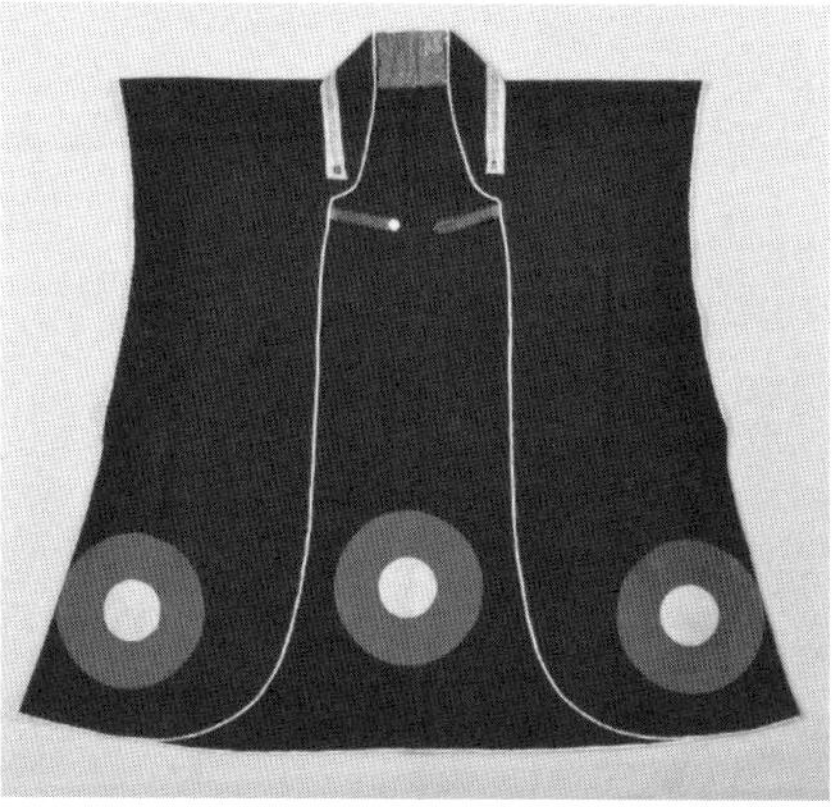

蛇目紋黒羅紗陣羽織（八代市立博物館未来の森ミュージアム蔵）

広島加藤家に伝来した陣羽織。肩縫いのない黒羅紗の一枚もので、緋羅紗地、白羅紗地で蛇の目紋を切嵌《きりばめ》（アップリケに似た手法）。襟裏地は萌葱《もえぎ》紋金襴地で、襟立ち上がりに白木綿地レースを縫い付ける。胸紐は革製で、ボタンは象牙製である。保存状態は極めて良好である。

本品は加藤清正より加藤正方が拝領したという伝承を持つ。形状や素材から考えても桃山から江戸時代前期の作品と考えられ、清正ゆかりの蛇目紋の使用と広島加藤家の由緒から総合して考えても、清正より拝領という伝承の信憑性は高い。清正所用・拝領の武器武具の現存例はあるが、陣羽織はこの作品が唯一のものである。ちなみに、正方遺品リストの中に「らしや陣羽織」の記載があり、正方はこうした羅紗製の陣羽織を複数所持していたようである。

陣羽織には清正の家紋、蛇の目が刺繍されていることから、生地やボタンなどは舶来品でも、仕立てや縫製は日本人の手になるものかもしれない。しかし、実は、ボタンが使われていることだけでも驚くべきことなのである。

ボタンの始まり

「清正公の南蛮服」には、前立てに二十一と襟に三個、袖口にも同じものが左右それぞれ十個、計四十四個もの丁寧に作られた「くるみボタン」が付いている。紳士服に詳しい人に話すと、「それは偽物だ」と一笑された。「ボタンの歴史は明治以来のもので四百年前にあったはずがない」と。

しかし、清正の南蛮服だけでなく、清正ゆかりの「蛇目紋黒羅紗陣羽織」にも、一個だけだが革製の胸紐の先端に象牙のボタンが使われているのは事実である。

調べてみるとボタンの歴史は古く、起源は十字軍遠征の時代にまでさかのぼることが分かった。

十字軍の歴史は、聖地エルサレムが、イスラムのセルジューク諸国に占領されたことがきっかけだったとされている。聖地への巡礼が妨害されているとして、東ローマ皇帝は時のローマ教皇に対し、聖地奪還のため援軍の派遣を要請。これを受けてローマ教皇は一〇九五年、クレルモン公会議[18]を開催。参集した諸侯に十字軍の結成を呼びかけ、翌一〇九六年から十字軍と宗教騎士団によるエルサレム奪還のための遠征が始まった。以来、遠征は約二百年間にわたって七回も行われている。その背景には、イスラム世界に集中していた富と文化へのヨーロッパの憧れがあったという。遠征により、ヨーロッパではすでに失われたギリシャ・ローマ時代の優れた科学や先進文化が逆輸入され、ルネサンスが起こるきっかけともなった。

一方、イスラム側の敗因は、後継者争いによる内紛で十字軍に対抗する力がなかったこと、また、中央アジアのモンゴル高原で台頭してきた西遼軍[19]に東方から侵入されていたことなどにあったらしい。

十一～十三世紀の十字軍は、聖戦というにはあまりに血なまぐさい戦いの歴史ではあるが、①中東のイスラム文化、②東から押し寄せた中国文化、③西から遠征していったキリスト教のヨーロッパ文化、という異なる三つの文化が出会い、融合し合った歴史でもあった。

十字軍遠征によって、ヨーロッパに初めて、今もチャイナドレスなどで使われているループで留める玉結びの「止め玉」が伝わった。この「止め玉」が「ボタン」に進化したという。ボタンの発明がヨーロッパの服飾を劇的に変えた。簡単に言えば、紐で結ぶ貫頭衣《かんとうい》の時代が終わり、ボタンを使うことで体にフィットした「洋服」の時代が始まったのである。

このボタンも、南蛮船とともに日本にやってきた。

歴史学者の小和田哲男氏[20]によれば、日本でいち早くボタンを使ったのは織田信長だったという。二〇一六年度版の教科書『社会科　中学生の歴史』（帝国書院）には小和田氏の次の一文（「史料にみる歴史　ビロードでできた豊臣秀吉の陣羽織」）が掲載されている。

南蛮文化の影響で、日本の（戦国時代の）ファッションもさま変わりを見せている。その一つがズボンである。信長が愛用したズボンが安土城址に建つ摠見寺に所蔵されている。文化財としての名称は「革袴《かわばかま》」となっているが、鹿皮製のズボンで、股の部分が相当すり切れているので、信長が乗馬のとき、このズボンをよくはいていたことがうかがわれる。

確かに、袴とズボンは似ているといえば似ているが、やはりズボンは南蛮文化そのものであった。当時、ポルトガル人はこうしたズボンのことをカルサンとよんでおり、日本では「軽衫」の字があてられている。注目されるのは、そのズボンに、小用のための穴が開けられ、しかも、そこには象牙製のボタンがつけられていたのである。それまでの日本の服飾にボタンを使う例はなく、ボタンも南蛮文化そのものといってよい。もちろんボタンもポルトガル語である。

秀吉の朝鮮侵略に際し、肥前名護屋に陸奥国（現在の青森・岩手）からはるばるとやってきていた南部藩中興の祖、南部信直着用と伝えられる赤い「袖と裾別付陣羽織」も、両袖と裾は象牙製のボタンで付け外しができるようになっているという。

戦国大名たちはボタンの実用性と装飾性に着目していた。ボタンが珍重された戦国時代に、小さなくるみボタンが四十四個も付いたシャツを持っていたのは清正だけである。

ちなみに、一五三四年生まれの信長と、一五六二年生まれの清正との年の差は二十八歳である。世代は違っても、南蛮ファッションの斬新さはもちろん、服としての着心地や機能性を愛する心は同じだったのかもしれない。

直情型の戦国武将というイメージが強い加藤清正。しかし、南蛮服や陣羽織からうかがえる意外なほどダンディな一面は、いったいどこで涵養されたものなのか。

次章では、戦国武将たちを夢中にさせ、清正の心をも強くひきつけた当時の南蛮ブームについて考えてみたい。

【注】

（1）一八五八年設置の英語伝習所。のち語学所と改称。語学以外の歴史、地理なども教えた。現在の長崎市立長崎商業高等学校。

（2）松田毅一（まつだ・きいち、一九二一〜九七）、歴史学者、専門は日欧交流史。『南蛮巡礼』緒言、中公文庫、一九一八年。

（3）十六世紀のポルトガルを除くイベリア半島を支配していたスペインは、ラテン語ではヒスパニア、現地ではエスパーニャと呼ばれていたことから、日本ではイスパニアと称した。英語読みではスペインとなる。

（4）江馬務（えま・つとむ、一八八四〜一九七九）、歴史学者、日本における風俗史研究の基礎を築いた。

（5）野上俊子（のがみ・としこ）、京都の光華女子短期大学教授（現名誉教授）、専門は服飾史。

（6）天鵞絨はポルトガル語の「veludo」またはスペイン語の「velludo」から来た言葉。

（7）前身頃に防御用の詰め物、キルティングをした袖付きの上衣。前開きでボタンが付いており、右前になっているのが特徴。

（8）Libro de Geometria Practica Y Traea, Juan de Alcega, Madrid,1589 による。

（9）多彩な模様を浮き織りにした絹の紋織物。

（10）縞目も分からないほどの細い縦縞のこと。

（11）布で包んで始末する方法。玉縁《たまぶち》ともいう。

（12）仏胴《ほとけどう》とは、胸部と背部の二枚を合わせて構成されており、平らで滑らかな様が仏像に似通っているので、この名がある。南蛮の影響を受けた具足。

（13）正方形の大きな座布団を逆ピラミッドに屋根に積み上げた山車のこと。ふとん太鼓同士の喧嘩山車が有名。

(14) 橋本康子・松本敏子「南蛮服の復元」『日本服飾学会誌』日本服飾学会、一九九五年五月
(15)『江馬務著作集　第三巻　服飾の諸相』中央公論社、一九七六年
(16) イランの女性が体を覆うために着用する服。半円形の布を継ぎ合わせて作る。
(17) ポルトガルの首都リスボンの旧市街のこと。
(18) 公会議が開かれた場所、フランスの地名。
(19)「西遼」(一一三二〜一二一八)は、中国東北の「金」(一一一五〜一二三四)に追われた「遼」(契丹など)がモンゴル高原に逃れて起こした国。
(20) 小和田哲男(おわだ・てつお、一九四四〜)、歴史学者・文学博士、静岡大学名誉教授。

第二章
戦国大名を魅了した南蛮ファッション

一　南蛮服の伝来

鉄砲の伝来とともに

日本と南蛮との出会いは、一五四三年、種子島に漂着した南蛮人によって鉄砲が伝えられたことをもって始まったとされている。

同年八月二十五日、明国人五峯《ごほう》を船長とする明国の船が種子島の最南端、門倉岬付近に漂着。五峯とは王直《おうちょく》のことで、のち長崎県五島の福江を拠点に活躍した倭寇の頭目である。船は二日がかりで岬から島主・種子島時堯《ときたか》が居住する西之表《にしのおもて》港へと曳航された。同船には三人のポルトガル人の商人が乗船していた。商人が持っていた火縄銃の威力に驚嘆した時堯は、二挺の鉄砲を高額で買い取り、さっそく銃身を鍛冶の八板金兵衛清定に命じて作らせたという。銃身はすぐに復元できたものの、火薬の滓《かす》抜きに苦戦していたところ、翌年一月、明国船がふたたびポルトガル人の鉄砲鍛冶を乗せて来島。彼の伝授により金兵衛は初めて国産の火縄銃を完成させた。

鉄砲は、紀州根来寺《ねごろじ》の津田監物、堺商人の橘屋又三郎がそれぞれ技術の伝授を受けて製作を開始。鉄砲はまたたく間に国内に普及し、これが戦国時代の築城や武具、武器などをはじめとする戦争術を変えるきっかけになったことはご存じのとおりである。

王直の明国船に乗船していたポルトガル人については諸説がある。

『鹿児島大百科事典』（南日本新聞社、一九八一年）には、「三人の葡人（ポルトガル人）の名は、『鉄砲記』では牟良叔舎《むらしゅくしゃ》、喜利志多《きりした》、他孟太《たもうた》とあり、ピント[1]やガルワノ[2]の手記とも相違がある。一方、ジョアン・ソルレスの十六世紀の勢力圏地図には、メンデス・ピント、アントニオ・ダモタ、フランシスコ・ゼイモト、アントニオ・ペイロート、クリストファ・ポラーリョの五人の名がある。これは、葡人の来島は二度にわたるので、それに顔を出している葡人の数ではあるまいか」（平山武章）と解説されている。

ポルトガル人が種子島を訪れたのは一回ではなかったようである。

初めて種子島に伝来したのは鉄砲ばかりではない。同乗の南蛮人が着ていた「南蛮服」も一緒にやってきた。

南蛮服の第一号は薩摩藩士・新納喜左衛門の手に

『日本洋服史』(3)では、日本と洋服との最初の出会いを次のように紹介している。

(漂着船の)乗組員の救出にあたった日本の漁夫たちは、今まで見聞していた唐人服とは違った異装の姿を見て驚いた。時の領主島津貴久の臣で薩摩藩士の新納喜左衛門はこの時のことを次のように報告している。

未知夷狄風情　於衣袖無之　分乎上着下穿疾　羽織長大　不恰好　猶不結紐　其希体何不審也。

助けられたお礼として乗組員たちは着用していた上着、チョッキ、ズボンなどを漁夫たちに贈呈していった。これらの異装束を薩摩藩士南園次郎右衛門常康が、網元船屋源兵衛から譲与してもらい、鹿児島の郷士伊集院兼房に献上した。この服がわが国に渡来した最初の西洋服だと言われている。

サッカーの試合後も互いの健闘をたたえてユニフォームを交換する。南蛮人が救助されたお礼に、自分が着ていた南蛮服をプレゼントしたという話は大いに納得できるのだが、鹿児島県歴史資料センター黎明館によれば、伊集院兼房は関ケ原以前に島津氏に滅ぼされてしまい、残念ながらこの現物はどこにも残っていないそうである。

二　交易と布教を目的に

東洋交易ルートの開拓でポルトガルとスペインが競合

未知なる海、荒れ狂う海をものともせず、なぜ十六世紀のヨーロッパの男たちはインド、東南アジア、日本を目指してやってきたのだろうか。当時のイベリア半島を中心とするヨーロッパ内部には、外へ向かって押し出すエネルギーが充満していたからである。エネルギーの源は「レコンキスタとキリスト教圏の拡大」であり、「アジアに対する情報知識の集積」、「遠洋航海術の進化」、「スパイスの需要」等々であるというのが定説である。

大づかみに描いてみよう。

レコンキスタとは、西暦七〇〇年ころ、アフリカ北部から地中海を越えて侵入してきたサラセン人（イスラム教徒）に占領されていたイベリア半島を、キリスト教徒の手に奪回するためヨーロッパで展開された国土回復運動のことである。この運動は一四九二年のグラナダ[4]陥落まで約八百年近くも続き、この過程でポルトガルとスペインという二つの王国が生まれた。前章で紹介したように、南蛮服にはイスラム文化の影響があるといわれていることも当然なのかもしれない。

領土拡大に意欲的だったポルトガルとスペインは、イスラム勢力下にあった中央アジア内陸部のシルクロード、紅海やペルシア湾経由のアラビア海ルートを避け、新たな東洋交易ルートを開拓する必要があった。そこで注目されたのが、大西洋を越えて新世界を目指す「海のルート」である。

アジアに対する知識の集積も大きな力となった。

きっかけはマルコ・ポーロの『東方見聞録』である。二十年以上の歳月をかけて中央アジアから中国へと旅したヴェネツィア商人のマルコはこの本で、中国で聞いた噂話として、大陸から一五〇〇マイル離れた海のなかに「黄金の国ジパング」があることを紹介、男たちの野望をかきたてた。

このころ、ローマ教皇もまた新たに台頭してきたプロテスタント諸派に対抗するため、カトリック教国のポルトガルやスペインの新世界進出を積極的に支援。両国の船団に宣教師を同乗させ、新領土へのカトリック勢力の拡大を目指したのだった。

造船技術と航海術の進歩を力に

「方位磁石（羅針盤）」を中国からヨーロッパに持ち帰ったのもマルコ・ポーロだといわれている。羅針盤を得たことで、船は島影に頼らなくても大海原を航行できるようになった。

造船技術や航海術も進歩した。

特に航海術教育に熱心だったのがポルトガルの「航海王子」と呼ばれたエンリケ王子（一三九四～一四六〇、のちヴィゼウ公）である。アフリカ西海岸の探検や新航路の開拓を志して天文台や航海学校を設立。ユダヤ人やアラビア人の数学者をリスボンに招いて学術の振興を図り、地図や航海用具の製作を奨励して多くの航海者を育成した。また、造船技術者を集めて三本マストの遠洋航海船「キャラベル」を開発した。

さらにこの時期、「キャラベル」よりも大型で、でっぷりした船腹に大量の貨物が積める商用帆船「キャラック」、「キャラック」よりもスマートな船体で機動性をもち大砲も備えた軍艦兼用の商船「ガレオン」も登場した。これらの船が大航海時代に「南蛮船」として活躍したのである。

南蛮船にはカピタン（船長）以下、乗組員、商人、宣教師などが乗船。大きな船では一隻に一千人以上もの人が乗っていたという。

エンリケ王子の庇護のもと、大西洋へと船出したポルトガル王国の冒険者たちは、カナリア諸島、マデイラ諸島、アゾレス諸島を探検。さらにアフリカ西沿岸を下って黄金や奴隷の交易を行い、一四八八年にはアフリカ南端の喜望峰にまで達した。

一方、スペイン王国の旗手となったのは、イタリアのジェノヴァ生まれのクリストファー・コロンブスである。一四九二年、アジアの黄金を求めて船出し、大西洋を横断して新大陸（アメリカ）を発見。[5] コロンブスは終生アメリカをインドと誤解していたという。

アフリカ大陸の西海岸を南下し東に向かったポルトガルと、大西洋を横断し西回りで新世界を目指したスペインの競争は白熱した。

一四九四年、両国はローマ教皇の仲介でトルデシャス条約を締結。ブラジルをかすめる経線（西経四六度三七分）を境界線として地球を二分し、これより東の新領土はポルトガル、西はスペインが取るという手前勝手な内容だった。この条約により、アメリカ・南アメリカはスペインの植民地となった。

いち早くアジアに到達したポルトガル

いち早くアジアにたどり着いたのはポルトガルだった。

ポルトガルのヴァスコ・ダ・ガマは、一四九七年、アフリカ大陸南端の喜望峰を回り込んでインド洋へと進み、一四九八年五月、インドのカルカッタに到達した。インド航路の発見である。翌年帰国したガマが持ち帰ったスパイスやアジアの情報はポルトガルのみならずヨーロッパ中を熱狂させた。

一五一〇年にはゴア（カルカッタの北）へと進出。以来、ゴアは「東洋のローマ」、「東方のバビロン」、「黄金のゴア」と呼ばれ、「ゴアを見た者はリスボンを見る必要がない」といわれるほど賑わったという。翌年にはスパイス諸島（インドネシア）との交易拠点としてマラッカ（マレーシア）を占領。一五一三年には中国（明）に到達した。

一五二〇年、ポルトガルのマゼランは大西洋を横断して南アメリカの南端にある海峡（マゼラン海峡）を回り、太平洋を越えてフィリピン諸島に到達。マゼラン自身はフィリピンで戦死してしまうのだが、彼の艦隊は一五二二年、アフリカの喜望峰を回って無事ポルトガルに帰国した。ついに地球一周が成し遂げられたのである。コペルニクス(6)が唱えていたように地球は丸く、太陽を周回していることを実証した歴史的快挙であった。

発見した新領土に対する政策は、ポルトガルが交易を中心としたのに対し、スペインは、コロンブスがアメリカ大陸を発見して以来、占領地の民族、文化、金銀財宝を根こそぎ奪う残虐なローラー作戦を展開。一五二一年にはアステカ文明を、一五二〇年代半ばにはマヤ文明、一五三二年にはインカ文明を滅亡させたのである。

スパイス戦争の一面も

マルコ・ポーロの『東方見聞録』には、黄金の国ジパングには高価な黒コショウや白コショウが生えているという伝聞も記録されていた。このスパイスの争奪も、ヨーロッパがアジアを目指す大きな要因となった。

もともとヨーロッパの料理に使う香辛料といえばガーリックやハーブ類だった。当時、イスラム商人が東洋との独占貿易でヨーロッパに持ち込むスパイス（クローヴ[7]やナツメグ[8]、コショウ、シナモン）は非常に高価で、王侯貴族だけが使える超贅沢品だった。やがて一般の人々もスパイスには防腐効果や殺菌効果があることを知るようになった。冷蔵庫がない時代、肉食のヨーロッパでは、生肉の保存にはコショウが不可欠だったのである。

だが、クローヴやナツメグはインドネシアのモルッカ群島でしか採れず、コショウはインド東岸とセイロン島（スリランカ）でしか採れない。スパイスは、黄金や奴隷以上にヨーロッパでは高く売れた。だからこそ、イスラムの支配が及ばない新しいルートを開拓し、直接交易によるスパイス市場の独占を狙ったのである。インド航路を発見したポルトガルのヴァスコ・ダ・ガマは、インド国王に来航目的を問われ、はっきりと「キリスト教の布教とスパイスのため」と告げたという。

一方、スペイン側のコロンブスが求めたのもスパイスだった。しかし彼がアメリカ大陸で発見したのはコショウではなく唐辛子だった。スペイン人たちはこの唐辛子を「新大陸のコショウ」と呼んでいたという。

十七世紀になると、キリスト教国のポルトガルやスペインに、後発のプロテスタント国であるイギリスやオランダが参入し、スパイスなどの交易の利権をめぐって宗教絡みの激しい争いを展開することになる。

大航海時代の国際通貨「銀」

ポルトガルやスペインが日本へやってくるようになったもう一つの理由は、当時の国際通貨だった「銀」の獲得である。

コロンブスのアメリカ発見以来、メキシコ、南米へと新領土を拡げていったスペインは、一五四五年、南米ボリビアのポトシで大規模な銀鉱山を発見。一五五五年には新しい銀の精錬法（アマルガム法）が開発されて生産量が飛躍的に増大し、大量の銀をスペイン本国に運んで「十六世紀はスペインの時代」といわれるほどの繁栄をもたらした。さらにポトシ銀は太平洋を越え、一五六五年に占領したフィリピンのマニラへと運ばれた。中国やアジアの商品買付代金としてポトシ銀が使われたのである。

当時の中国（明）では、重い銅銭や信用力の弱い紙幣中心の通貨体制から、銀中心の通貨体制へと移行しはじめていた。その理由を、東京大学教授の村井章介氏[9]は、「銀は単位重量あたりの価値が高く、信用が比較的安定しており、また必要なだけ切り取って使える便宜もあった」からだという。

モンゴルや女真勢力と戦っていた当時の明国では軍事費や兵士の給料が銀で支払われていたため、「中国は全世界から銀をブラックホールのように吸引した。銀の二大供給ルートが、マニラを経由する南米のポトシ銀と、朝鮮半島、東シナ海航路を経由する日本銀であった」（同氏）という。

日本銀とは、一五二六年、博多商人・神屋寿禎《かみやじゅてい》と銅山主・三島清右衛門によって発見された「石見《いわみ》銀山」（島根県大田市）の銀のことである。一五三三年、朝鮮半島から新しい精錬技術「灰《はい》吹《ふき》法」が伝えられたことで産出量が爆発的に増加。戦国時代、大内氏の支配下にあった石見銀山の銀の一部は博多へ、さらに博多商人の船で朝鮮へと運ばれ、朝鮮から中国へと運ばれていた。当時の日本は、南米のポトシと並び、世界一、二を競う銀の産出大国として世界に知られていたのである。

ゴア、マラッカに到達したポルトガルは、豊富なポトシ銀を持つスペインに対抗して日本銀の獲得を目指し、日本で最初に到達したところが種子島だったのである。

ザヴィエルも「銀」を求めて日本へ

大航海時代が始まったころのキリスト教世界は、従来のカトリックと新興のプロテスタント（新教、ピューリタン）の対立が激しくなっていた。

カトリックの伝統を守ろうと結成されたのがイグナチウス・ロヨラ、フランシスコ・ザヴィエルらを創立メンバーとする「イエズス会」である。設立当時はカトリック教会の最も革新的な男子修道会として厳格な自己修練、研究、教育、教義の擁護を宗規《しゅうき》としていたという。ロヨラの方針もあり、自然哲学・幾何学・天文学・力学に精通した会員が多かったことも特徴とされている。イエズス会はローマ教会にとって最強の義勇軍、「教皇の親衛部隊」と呼ばれる存在でもあった。

一五三六年、ポルトガル国王はアフリカ、アジアにおける新領土への布教をイエズス会に要請。ローマ教皇も、ポルトガル国王に対して派遣する宣教師の保護を義務づけた。新世界へのキリスト教布教の一番手としてアジアに派遣されたのがザヴィエルである。

一五四一年四月、ザヴィエル、コスメデ・トーレス（スペイン人）、イルマン・ジョアン・フェルナンデス（同）は、ポルトガルの商船団に同行してリスボンを出航。翌年、インドのゴアに到着した。

当時三十六歳だったザヴィエルは精力的にインド、モルッカ諸島などで宣教活動を展開すると同時にスパイスの視察や調査を行った。その結果、スパイスの取引には「銀」が必要であること、その銀が日本で大量に産出されているという情報を得た。そんななか、マラッカで鹿児島生まれのアンジローと出会い、彼を案内役として日本を目指すことになった。

一五四九年八月、ザヴィエルは鹿児島に上陸した。種子島に鉄砲が伝来してから六年目のことである。これが日本と南蛮との二回目の出会いとなった。ザヴィエルは領主・島津貴久に面会。宣教の許可を得た。

南蛮貿易の始まり

ザヴィエルは、一五五〇年七月、三本マストのカラック（南蛮船）で初めて平戸港に入港した。平戸の領主・松浦隆信より宣教許可を得たことで、以来、平戸はポルトガルの日本における貿易拠点として毎年、カラック一、二隻の定期船が入港することになった（長崎に移るまで）。

同年秋、ザヴィエルは博多経由で山口に入り、石見銀山を管理する領主・大内義隆に面会している。

年が明けて一五五一年一月、京都で天皇との面会を求めるが果たせず、平戸に戻って、ふたたび山口へ。同年七月、大内義隆に謁見して布教の許可を受け、手厚い庇護のもとに山口で布教活動を展開した。

同年九月には豊後（大分）に赴き大友宗麟に面会。宗麟の庇護を受けた府内《ふない》（大分市中心部）はこれ以来、平戸、山口とともにイエズス会の重要な活動拠点となった。のちにはポルトガル商人アルメイダが府内に育児院を開設、病院も建てられた。

ザヴィエルは一五五一年十一月、日本を離れ、二度と戻ることはなかった。わずか二年間という日本滞在中に精力的に活動したザヴィエルは、約九百人を改宗させたという。

大内氏らとの面会を通じてザヴィエルは、日本銀を得るには、当時日本では贅沢品だった中国産の生糸や絹織物を主力商品にするのが最も効果的だとして、ゴアへの帰途、中国の広州近くの川中島《サンシャン》に貿易の中継拠点を建設するため奔走する。しかし、一五五二年、志半ばでその地で病死してしまった。

ポルトガルの日中交易拠点・マカオ

ポルトガルが、中国からマカオを賃借することで永続的な居留権を得たのは、ザヴィエルの離日から六年後の一五五七年のことである。以来、マカオは、ポルトガルの日中交易の拠点となった。

当時、明国は海禁（鎖国）政策をとっていたため外国とは鎖国状態にあった。海禁解除後も、倭寇で脅かされてきた日本との直接交易だけは許していなかった。これを好機と捉えたポルトガルガルは、マカオを拠点として日本との直接交易を行うだけでなく、中国と日本との交易の仲介役、商人同士の民間取引においても仲介役として仲介料を取るシステムをつくりあげた。

ゴアや中国との交易に使われる通貨が日本銀だったので、ポルトガル人は日本との交易船を「銀の船」と呼んでいた。

日本は、南蛮船によって運ばれてくる舶来品を珍重した。日本銀を使って、中国やベトナムの白生糸や緞子《どんす》、多種多様な絹織物、砂糖、陶磁器、薬品、染料、伽羅《きゃら》、香辛料などを買いまくった。ポルトガルにとって日本との貿易は、一航海で出資の十倍以上にもなるボロ儲けの商いだったという。

三　南蛮服を愛した戦国大名たち

ゴージャスな南蛮服

南蛮船でやってくる南蛮人は着ているものも違った。

丹野郁氏は『南蛮服飾の研究――西洋衣服の日本衣服文化に与えた影響』（雄山閣出版、一九七六年）のなかで、当時のヨーロッパの服装を次のように紹介している。

狩野内膳筆「南蛮屏風」（部分，16世紀末〜17世紀。神戸市立博物館蔵，DNPartcom 提供）

「ポルトガルを併合したイスパニア（スペイン）は、アメリカ大陸発見以来、無尽蔵の鉱山資源の開発と厖大な奴隷労働の利用によって、多量の金銀がイスパニアに流れ込むことになり、ポルトガル、イスパニアの上流層の人達は、国内経済の好景気を反映して、衣装に贅を凝らし、むしろ病的なまでに虚飾を誇った」。

また、「（十六世紀における毛織物の主産国は英国であったが）絹やビロードは、主としてイタリアやフランスで生産されており、中でもイタリアのジェノヴァ[10]（イタリア北西部の港湾都市）産の模様入りビロードや、金銀糸や色糸を織り込んだ布は、特にすばらしく、高価でもあり、貴族が愛好したのであった」と。

ヨーロッパの貴族たちが贅を尽くして楽しんだこれらの服が、大航海時代の南蛮船に乗って日本にやってきたのである。

バルーンのように膨らんだズボン（カルサン[11]）をはき、たっぷりしたフリル付きの襟やカラフルな上着やマントを着、帽子をかぶった南蛮人の服装に日本人は魅了された。

南蛮伝来の鉄砲については、すぐに鉄砲の仕組みを学び、刀鍛冶で培《つちか》った技術で鉄砲の国産化と量産に成功したが、実戦に使うためには弾丸用の鉛や、起爆用に必要な硝石は輸入するしかない。それを運んでくるのは南蛮船だけである。領土争いに明け暮れていた領主たちは、こぞって南蛮人との交流・交易を求めた。

日本の需要や日本人の好みを知った南蛮人は、権力者に対して豪華な贈り物を持参。武将たちが求める交易によって日本銀を獲得すると同時に、キリスト教布教の自由と庇護を求めたのである。

ザヴィエルから南蛮服を贈られた大内義隆

イエズス会の宣教師として鹿児島に上陸したザヴィエルも、珍しい文物や立派な服装を尊重する日本では、領主への豪華な贈り物が布教活動に非常に有効であることを知った。

一五五〇年に初めて山口を訪れたときは、聖職者として黒衣を着ていたザヴィエルだが、貧相に見えたためか冷遇されたという。翌年、京都からの帰途、大内氏を再訪したときは日本の慣習にならい、司祭としてのきらびやかな法衣で謁見に臨んでいる。

ザヴィエルは書簡[12]で、「神の聖教えを述べるためには、ミヤコは平和でないことがわかりましたので、ふたたび山口に戻り、持ってきたインド総督（ガルシア・デ・サ）と司教（ジョアン・デ・アルブケルケ）の親書と、親善のしるしとして持参した贈り物を山口侯に捧げました」と記している。

このとき大内氏に贈呈したプレゼントは十三種にものぼった。

山口県立大学の水谷由美子教授の研究[13]によれば、ザヴィエルが大内義隆への贈り物としたのは、「望遠鏡、オルゴール、洋琴、金襴の布、ポルトガルの衣服、装飾時計、火縄銃、美装した聖書、精巧なガラス製花瓶、鏡、老眼鏡、陶器、絵画」（傍点引用者）の十三種だったという。

水谷氏は、「大内義隆は南蛮服飾を正式にポルトガル王ジョアン三世から贈られた（国内で）最初の人となるのである。残念なことに、大内義隆が南蛮服飾をどのように用いたかを示す記述は現在まだ知られていない」としている。

大内氏に贈られたのは、どんな南蛮服だったのだろうか。

当時、領内に石見銀山をもち、明国との交易で繁栄していた西日本の覇者大内氏。義隆時代

（一五〇七～五一）の山口は、明人（中国人）が約二千人も在住していた国際都市だった。舶来品には慣れていたはずの大内氏でも、最先端のヨーロッパ文明を伝えるザヴィエルの贈り物には、さすがにカルチャー・ショックを受けたのだろう。

山口県立博物館に問い合わせたところ、ザヴィエルが大内氏に贈ったという南蛮服は現存していないとのことだった。一時期は栄華を誇った人物でも、いったん敗者となれば残るのは名前のみ。一時は手にしていた大内氏の南蛮服は歴史の闇に消えていた。

流行に敏感だった戦国時代の若者たち

ザヴィエルを乗せたポルトガル船が一五五〇年に初めて平戸に入港して以来、平戸はポルトガル船の定期寄港地となっていた。しかし、一五五二年、平戸に上陸したポルトガル人と平戸の住民とのあいだでトラブルが起き、ポルトガル船の船長が殺害されるという事件が起こった（宮ノ前事件）。

平戸は危険だということで、ポルトガル船の寄港地は大村領主・大村純忠のすすめで横瀬浦（大村湾の湾口北側、西海市西海町横瀬浦）に移された。純忠はこの地にキリスト教信者のみを住まわせ[14]、ポルトガル船に関しては以後十年間の入港料（停泊料）を免除。さらに横瀬浦の半分を教会の知行地として与えた。一五六三年には純忠自身も家臣二十人とともに洗礼を受け、日本初のキリシタン大名となった[15]。

しかし、この横瀬浦も一五六三年には純忠の敵（後藤貴明）の焼き討ちに遭い、ポルトガル船の寄港地は長崎へと移る。長崎にトードス・オス・サントス教会が建設されたこともあって、一五七〇年、純忠はポルトガル人のため長崎周辺の土地を提供した。これにより一五七一年に長崎が開港し、以来、ポルトガル船の定期寄港地は長崎になった。

フィリップ・レクリヴァン氏[16]によれば、「（長崎には）毎年一隻のポルトガル船が一六〇トンの絹を積んでマカオから日本にやってきた。買い入れはマカオ市と商業組合の管理下にあり、組合はイエズス会に五トン売ることに同意していたが、一〇トンの売買にもしばしば応じた。原則としてイエズス会員は直接商取引には関与しない。しかし実際には現地の言葉と習慣に詳しい彼らなくしては、ポルトガル人が取引を行うことは困難である。神父の中には絹の価格や販売網の決定に介入するほど身を入れるものもいた」という。

最先端の南蛮文化の受入窓口だった西国九州。なかでも長崎は、このころからすでに流行の発信地だったと言えるかもしれない。

イエズス会修道士が本国に送った一五七七年の手紙には、「彼（大村純忠）には子息が二人[17]おり、彼らは甚だよきキリシタン武士で、ポルトガルの衣服のみを好んで、決して和服を着ようとはしない。かの地（日本）では彼らの衣服を作ることができないので、当シナ（マカオ）に注文している」と紹介しているという[18]。

この報告書が書かれた当時の純忠は四十代の少し前。南蛮服に夢中だったという息子たちは当時まだ十代ではなかっただろうか。若者は、いつの時代も流行に敏感なのである。

南蛮服は日本では作ることができないので「当シナ（マカオ）」に注文しているとあるように、一五七七年当時の南蛮服は全てマカオで仕立てられ、輸入された舶来品だったようである。

南蛮好きだった信長

織田信長が大の南蛮好きだったことはよく知られている。

ルイス・フロイスの『日本史』には、信長の数多くの櫃《ひつ》（衣装箱）には南蛮人から贈られた南蛮服、緋色の合羽《かっぱ》、羽飾りのあるビロードの帽子、高価な毛皮の外套などの舶来品がぎっしり詰まっていたと記録されている。信長のもとには、イエズス会からの贈り物に限らず、おびただしい量の舶来品が集まっていたらしい。

ルイス・フロイスはポルトガルの出身。ゴアの聖パウロ学園で学び、一五六二年、イエズス会のカトリック司祭として来日した。ちょうど清正が生まれた年である。フロイスはこのときから二十六聖人の長崎殉教（一五九六年）までの三十四年間、日本に滞在して戦国時代を目撃し、記録した。

『日本史』の訳者でもある松田毅一氏は、信長の南蛮好きを次のように紹介している。

「信長はじつにしばしばバテレン[19]たちと交わった。私（松田氏）の調べでは、彼は一五六八年に入京してから一五八二年に本能寺の変に斃《たお》れるまでの十四年間に、すくなくとも、京都で十五回、安土で十二回、岐阜で四回、合計三十一回も彼らに逢っている。これを国籍別にみるならば、ポルトガル人五名、イタリア人四名、スペイン人二名、計十一名ということになる。その間、信長は、バテレンたちと歓談して深夜に及ぶことがあり、城内でバテレンの食膳をみずから運び、教会を訪ねては西洋音楽を聞き、鷹狩の獲物を贈るなど、寵愛いたらざるなきありさまであった。彼はバテレンから地水火風の性質、日月星辰のこと、寒地と暖地、諸国の風俗などについて話を聞くのを好み、当時にあっては、日本人ばなれのした世界観なり教養の持ち主であった。一言にしていえばバテレンが好きであった」（『豊臣秀吉と南蛮人』朝文社、一九九二年）

信長は、苦労をして日本にやってきた宣教師たちの勇気と志を賞賛し、ヨーロッパの文化・芸術・自然科学を愛した。南蛮服を着てつば広の南蛮帽子をかぶり、マントをひるがえらせて、さっそうと馬を走らせた。時代のヒーロー信長は、戦国のファッション・リーダーでもあった。

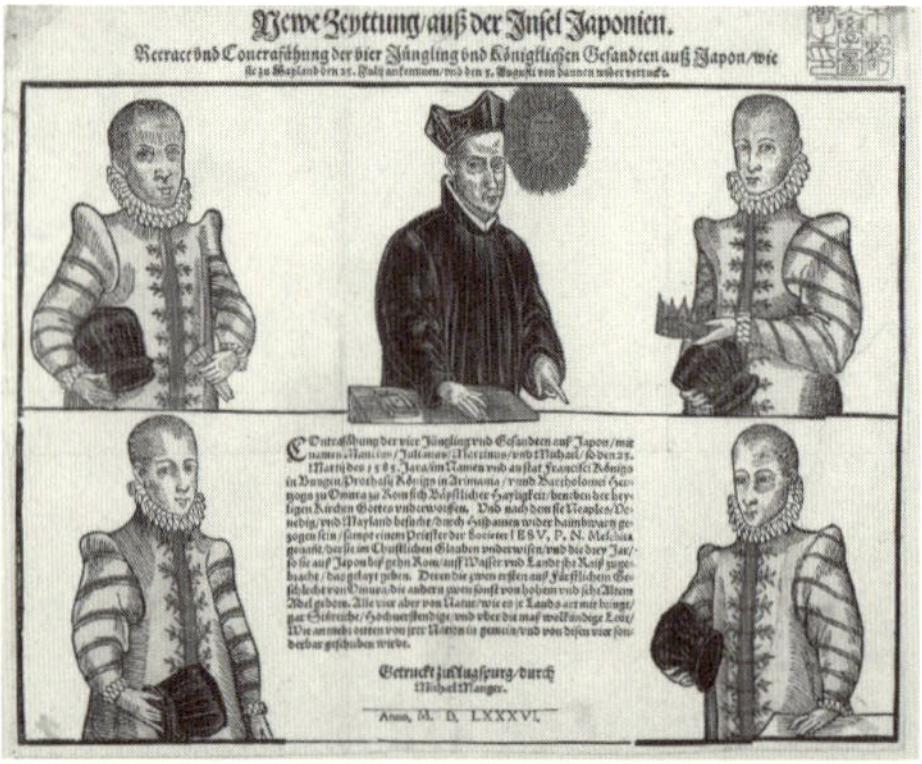

天正遣欧使節肖像画（1586年，ドイツ・アウグスブルクで印刷。京都大学附属図書館蔵）

天正遣欧少年使節団

南蛮好きの信長の庇護のもと、飛躍的に信者数を伸ばしていたイエズス会によって企画されたのが、ローマへの使節団の派遣だった。一五八一年当時のキリスト教信者数は日本全国で十五万人、教会堂の数は全国に二百ほどあったといわれている[20]。

使節団派遣の企画者は、ゴアに拠点を置いていたイエズス会東インド管区副総長で、巡察士として来日していたアレッサンドロ・ヴァリヤーノである。目的は、日本における布教の現状をローマに直接報告し、日本の若者にヨーロッパの文化やキリスト教教会の素晴らしさを見聞させることにあった。使節には、キリシタン大名として知られた大友宗麟、大村純忠、有馬晴信の名代として四人の若者が選ばれた。

使節団の派遣はイエズス会の経済的な理由からだったという説もある。日本における好調な布教状況を報告するだけでなく、ポルトガルと日本との商取引におけるイエズス会の実績を知らせてローマ教皇の賞賛と信頼を得れば、ローマから多額の支援金を引き出せることをヴァリヤーノは知っていたのである。

少年使節団は一五八二年一月、長崎を出航した。彼らを見送ったヴァリヤーノは、二月、信長に謁見。安土と有馬（島原）に学校を建てる許可を受け、すぐに着工した。

本能寺の変は、それからわずか四カ月後の六月に起きた事件である。

長崎を出発し、マカオ、ゴアを経てヨーロッパに向かった使節団の足跡を簡単に記しておこう。

一五八四年八月　リスボン（ポルトガルの首都）着。
　　　　十月　スペインの首都マドリッドでスペイン皇太子の宣誓式に列席し国王フェリペ二世に謁見。
一五八五年三月　ローマに到着。ローマ教皇グレゴリオ十三世に謁見。
　　　　四月　グレゴリオ十三世の死亡により後継者となったシクスト五世にも謁見。四人の若者は聖ペトロ騎士団の騎士として認定され、ローマの市民権も得た。
一五八七年五月　ゴアに帰着。ゴアに戻っていたヴァリヤーノ神父と再会。
一五八八年七月　マカオ着。秀吉の禁教令のため二年間足止めされる。

マカオでの足止め期間はあったものの、八年間に及ぶヨーロッパの旅を終えた少年使節団は、一五九〇年七月、ヴァリヤーノとともに西欧の最新情報、活版印刷技術、西洋楽器、世界地図などをたずさえて帰国した。

四　フィリピンを植民地化したスペインも日本へ

スペイン、アジアに到達

アフリカ大陸の沿岸をぐるりと回り、インド経由でひとあし先に日本にやってきたポルトガルに対し、大西洋を横断してアメリカに向かったスペインは、中南米を征服したあと、広大な太平洋を横断してアジアへとやってきた。

マゼラン率いるスペインの船がフィリピンのルソン島に到達したのは一五二一年のことである。

フィリピンを構成する島々のなかで最も大きいルソン島。かつて「呂宋」と呼ばれたこの島には十六世紀半ばから日本船が訪れ、マニラなどで中国船と盛んに民間交易が行われていたという。中国沿岸を荒し回っていた倭寇にもよく知られた場所の一つがルソンだった。

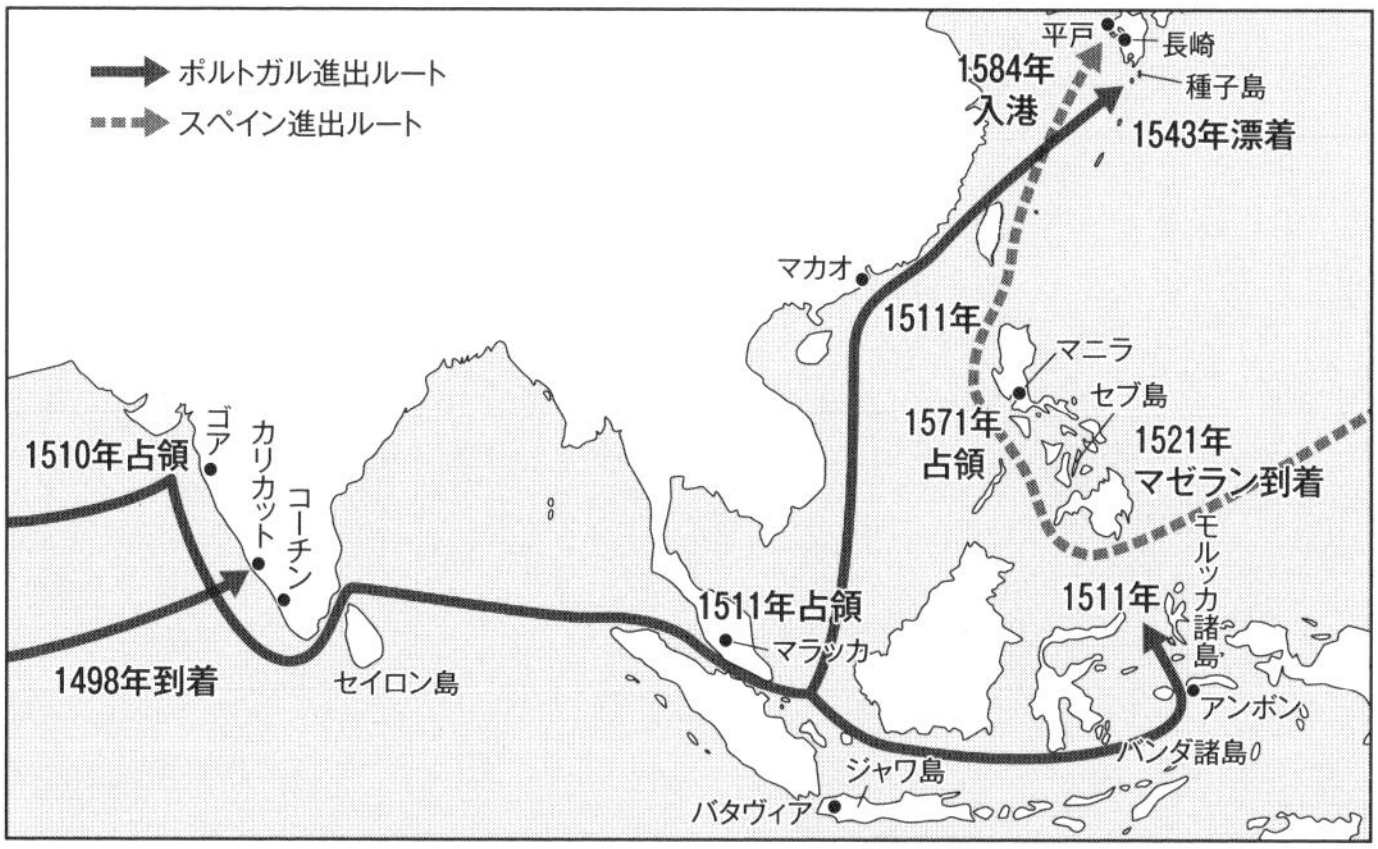

ポルトガルとスペインの東洋進出ルート

スペインは、一五二九年にルソン島をスペイン領とすることをポルトガルに認めさせていたものの、実際は二十四年後の一五六五年、遠征隊がセブ島[21]に到着してから本格的な植民地化に着手。翌年からメキシコとフィリピンを太平洋ルートで結び、ガレオン貿易[22]を開始した。信長が頭角を現し始めたころより少し前のことである。

一五七〇年にはルソン島のマニラに城塞を築いて首都とし、この地をスペイン領東インドの「フィリピン」と命名して、スペイン副王領メキシコの統治下にあることを宣言した。フィリピンという国名は、当時のスペイン皇太子（のちのフェリペ二世）の名にちなむ命名である。

一五七一年、マニラにはスペイン副王領のフィリピン総督府[23]が置かれ、アジア攻略の拠点となった。イスラム教国だったフィリピン現地の抵抗は激しく、一五七四年には中国人・日本人などを含む民兵集団が組織され、スペイン軍のマニラ基地を襲撃するという事件も起きているが、結局、鎮圧された。

マニラに拠点を置いたスペインは、太平洋のはるか向こうのメキシコと盛んにガレオン貿易を行っていたが、一五七四年、フィリピン総督グイド・デ・ラベザリスは、スペイン王フェリペ二世に琉球や日本を探索したいという意向を伝えた。

折しも、フェリペ二世は、一五八〇年にポルトガル国王が死亡すると、自分の母親がポルトガル王女だったことを理由に王位継承権を主張し、リスボンを陥落させてポルトガル王位を継承。イベリア半島を統一して「日の沈まぬ国」と称されたスペイン黄金時代の幕を開けたところだった。

一五八四年、スペイン国王フェリペ二世が保護するスペイン人のフランシスコ会宣教師を乗せ、マニラからマカオに向かっていた船が進路を誤り、平戸に入港した。スペイン人の初めての来日である。ポルトガルが平戸に初入港したのは一五五〇年のことなので、じつに三十四年遅れでスペインが日本にやってきたのである。本能寺の変からすでに二年、天下はすでに秀吉の手中にあった。

ポルトガル船が長崎に去ったあとでもあり、平戸藩主・松浦鎮信はスペイン人を歓迎し、ポルトガル人と同等の待遇を約束した。

ルソンとの交易を望んだ松浦氏は、彼らにフィリピン総督宛の親書を託した。この船は、翌年（一五八五年）にはフィリピンに到着[24]。以後、スペイン領フィリピンと日本との外交交渉やルソン貿易は、平戸の松浦氏を通じて行われるようになった。

原田喜右衛門の登場

松浦氏は一五八六年にも二回目の使節をフィリピンに送っている。使節には長崎のキリシタン十一人を含む日本人四十人が同行した。

翌年、使節一行がマニラに到着したとき、マニラ教会の大司教が使節団のなかから十一人を選び出し、日本事情を聴取した記録が残っているという。平戸生まれが一人、博多が三人、豊後三人、都二人（原田を含む）、堺一人、備後一人の計十一人。全員が洗礼名で記されていたが、実際に洗礼を受けたキリシタンだったかどうかは分からない。このうち、「パブロ・ファランダ・ヒエム」の名で登場するのが、のちに清正の御用商人となる原田喜右衛門だとされている。

歴史学者の箭内健次氏は、マニラに渡った松浦船について次のように記している[25]。

「イスパニヤ（スペイン）側の記録には、一五八六年以後、日本人は『平和』に来航するようになったとあるが、これはけだし松浦氏との間に通商ルートが開かれたことが大きな原因であると思われるから、この一五八七年の松浦船は、形の上では平和な商船ではあるが、その組織も嘗ての倭寇期と大きな相違はないと考えられる。さらに先の十一名中、平戸出身者は僅か一人で、他は都をはじめ各地の出身者であるところからみて、彼らはいわば従商人として搭乗したものではあるまいか。即ち、松浦氏の経営にかかりながらも在地資本の貧困もあり、各地の商人の参加によって通商を行ったものとみられる」と。

現在でいうなら松浦氏が組織したマニラへの使節団は、ビジネスを目的としたオールジャパンの経済人御一行様だったようである。

秀吉の南蛮政策

秀吉は信長ほどの南蛮好きではなかったらしい。

松田毅一氏はその理由を、「秀吉の時代になると、彼の耳には南蛮人について怪しげな情報があれこれ届くようになった。それにまた、ポルトガル人やスペイン人が日本に来るまでに地球上到るところの国土を占拠し征服している事情がより詳しく日本人の知るところとなっていた」からだと説く（『豊臣秀吉と南蛮人』）。

とはいうものの、秀吉の南蛮趣味は信長に勝るとも劣らぬものがあった。何よりの証拠は、本能寺の変から二年後に完成した大坂城の室内装飾である。ルイス・フロイスは、「（大坂城の）各階には金銀の織物やヨーロッパ風のカッパ、西欧風のベッドがあり、黄金の茶室、屋根瓦は金箔。その宏大、精巧、美観は、新しい城に匹敵する」と記録[26]している。

一五八七年三月、秀吉は天下統一の最後の仕上げとして九州平定（島津征伐）のため大坂を出立した。

同年四月、九州攻めの最中、八代において秀吉は、キリシタン大名だった小西行長の案内によりイエズス会宣教師ガスパル・コエリョやポルトガル人の船長らの訪問を受け、博多での再会を約束して別れている。秀吉は彼らに、南蛮船の堺への入港を要望し、カピタンには来航許可状も出している[27]。

薩摩の島津氏を降伏させた秀吉は、大軍を引き連れて博多に滞在していた。六月十九日、約束どおりコエリョが博多にやってきて、秀吉を博多湾沖に停泊中のフスタ船に招待した。秀吉を乗せた船は博多湾を帆走してみせたかもしれない。秀吉は大いに喜んでいるように見えた。

ところがその夜、状況は一変する。

秀吉は突然、「伴天連《バテレン》追放令」を発布したのである。

伴天連追放令

伴天連追放令（一五八七年六月十九日発令、翌日通知）の内容は、ポルトガル人は二十日以内に全員国外退去、宣教師は長崎に限って居住を認める、というものだった。

追放令を発した理由については、諸説がある。

まず、当時のヨーロッパでも最新鋭の軍船だったフスタ船に搭載されていた大砲や、船倉に押し込められていた日本人奴隷を見て、秀吉が衝撃を受けたというもの。アフリカでの奴隷売買を認めてきたイエズス会は、当時、パートナーの南蛮商人が日本人を奴隷として売買することを黙認していたという。

第二の理由は、秀吉が、ポルトガル人やイエズス会宣教師には領土的な野心があるのではないかと疑い始めていたこと。

西国九州では、大村、大友、島津だけでなく、龍造寺など九州諸国の領主たちがそれぞれに南蛮・中国貿易を行い、権益確保のためにキリスト教を手厚く保護していた。しかし南蛮人は、貿易と引き換えにキリスト教への入信を強要しているように見える。大村純忠によってイエズス会に寄進され教会領となっていた長崎は、有馬、龍造寺の支配時代を経て、一五八四年ころから薩摩の島津の支配下にあった。島津を降伏させた秀吉は、そんな長崎を視察させており、教会領として異国のように賑わっていることを知った。これも追放令発令の一因になったという。

第三の理由は、キリシタン勢力がさらに強大になると、やがて比叡山や石山本願寺のように一揆を起こすのではないかと危惧したというもの。すでに各地で熱狂的なキリスト教信者による神社や仏閣の打ちこわしも起きていた。

フスタ船に乗船したことがきっかけでキリスト教に対する秀吉の不安や疑念、怒りが一気に噴き出し、禁止令の発令に繋がったというのである。

しかし、キリスト教の勢力が増すのは避けたいが、南蛮貿易の権益は独占したい。九州征伐の翌年（一五八八年）には、長崎・茂木《もぎ》・浦上の三領を直轄領として、鍋島直茂(28)（佐賀城主）を初代長崎代官に任じ、浅野長政と戸田勝隆に長崎支配を委任した。秀吉はまず、長崎を自分のものにしたのである。

追放令は発令したものの……

伴天連追放令を発令したものの、秀吉はキリシタン大名を厳しく咎めることはしなかった。秀吉も南蛮との交易を望んでいたからである。

朱印船貿易は、家康に政権が移ってからの慶長年間に本格化するが、その始まりは秀吉時代の文禄年間にあったといわれる。『長崎視聴草《みききぐさ》』には「文禄の初、日本国より異国に通商のため、渡海御免ならせられ、京都より三艘、堺の浦より一艘、長崎より五艘の船主は、東京（中国）、交趾（ベトナム北部）、東埔寨（カンボジア）、太泥（タイ・バタニ王国）、六昆（南部タイ・リゴール）等の国々へ、渡海仕り候」とあり、また『長崎志』には「京都よりの三艘は、茶屋・角倉・伏見屋各一艘であった」と記されているという[29]。

当時の海に国境はなかった。南蛮船が日本にやってくるだけでなく、日本の商人たちも頻繁に海外へと出かけていた。

多方面から清正に光を当てた『シリーズ・織豊大名の研究第2巻　加藤清正[30]』（山田貴司編著、戎光祥出版、二〇一四年）の中で、中島楽章氏（九州大学人文科学研究院准教授）は、当時の日本—東南アジア貿易について、次のように解説している。

「一五九〇年代になると、九州大名の派遣船から、ゴベアのような海商・海賊・傭兵の要素をあわせもった冒険商人まで、様々な日本船が、フィリピン諸島だけではなく、東南アジア大陸部の各地に渡航していた。一五九三年に薩摩に滞在した許豫[31]も、『薩摩州は乃ち各処の船隻の慣泊せる処にして、今ここより発して、呂宋に往く船は肆隻、交趾船は参隻、柬埔（寨）船は壱隻、暹羅船は壱隻、仏郎機船は弐隻あり』と報告している。同年秋ごろの渡航シーズンには、多くの貿易船が薩摩の諸港で出帆を待っており、そのうちルソン行きが四艘、交趾行きが三隻、カンボジア行きが一艘、シャム行きが一艘、仏郎機（マカオないしムラキであろう）行きが二艘を数えたというのである。さらにイタリア商人のカルレッティは、一五九〇年代の日本〜東南アジア貿易について、より詳しく次のように述べている。『（日本では）遠洋航海に向いた船がごく乏しいのだが、日本人はあらゆる手段で、大きな危険を冒して様々な地域に渡っていく』。

（略）」
薩摩の諸港から出航する船だけでもこれほどの数である。ほかにも長崎や平戸、博多、堺から出航する船もあっただろうことを考えると、秀吉の時代、想像以上に多くの船が東南アジアへと出かけていって、盛んに交易をしていたことがうかがえる。

五　ルソン商人・原田喜右衛門

朝鮮出兵計画の始動

一五八七年、秀吉は、小西行長と対馬の宗義智《よしとし》に対し、朝鮮国王の来日交渉を命じた。唐国（明朝）を征服して北京に天皇を遷座させ、秀吉自身も北京に移り、国内は弟の秀長にまかせるという途方もない机上計画の始まりである。

一五九〇年十一月、秀吉は聚楽第《じゅらくだい》[32]において、対馬の宗氏が苦心して日本に招いた朝鮮使節と接見。朝鮮王朝に対して「征明嚮導《せいみんきょうどう》（案内役）」を求め、「朝鮮が軍勢の上陸に異議をとなえても四月一日を期して上陸・討伐に踏み切る」と宣言した国書を託した[33]。

古くから朝鮮と独自の交易を行ってきた対馬の宗氏としては、こんな国書をそのまま朝鮮国王に渡すことなど、到底できる話ではない。宗氏らは国書の表現をやわらげるという国書改竄《かいざん》まで行った。

朝鮮王朝にとって明（中国）は宗主国である。朝鮮としては、宗氏らが苦心して改竄した国書でさえも受け入れ難く、また「実際に日本が攻めてくるはずはない」と高を括ってこの国書を放置した。

秀吉は着々と唐入りの準備を進めさせ、一五九一年一月には、沿海諸国に軍船の建造を命じている。

天正遣欧少年使節団の華麗なる帰国

一五九〇年六月、国中が朝鮮出兵の準備に追われていたころ、マニラで足止めされていた天正遣欧少年使節団が帰国した。

一五九一年閏一月、秀吉は聚楽第においてヨーロッパから戻った使節団の少年たちを引見している。ヴァリヤーノに引率された使節団一行は、遣欧使節の少年四人をはじめ、宣教師四人、ポルトガル人十二人と通訳、従者など総勢二十六人。きらびやかな装いで都入りした使節団の華やかなパレードは人々を驚かせ、魅了した。

丹野郁氏は、「皆すこぶる立派にして華やかな服を纏い、かつミヤコに入った時に着けたよりも重々しく、きらびやかな装いをして（聚楽第に）行った。何故なら、ポルトガル人が、いずれも互いに他よりも優れ抜きん出ることに努めるような風に装ったから[34]」だという。

秀吉には、ヴァリヤーノからインド副王の親書[35]、ミラノ製の甲冑などが献上された。少年たちが演奏する西洋音楽[36]に耳を傾けた秀吉は、三度もアンコールをしたという。

上機嫌で使節団一行を引見したものの、このころにはすでに、キリスト教がイエズス会の一枚岩ではなく仏教と同じように多くの会派があること、スペインが軍事力で中南米を征服したこと、スペイン国王がポルトガルを併合して君主となったこと（一五八〇年）、フィリピンを制服してルソンに総督府を置いていることなど、ポルトガルやスペインの事情にも通じていた秀吉である。最新のヨーロッパ事情や、スペイン国王フェリペ二世の歓待を受けたという使節団の報告には、鋭く目を光らせたはずである。

少年たちは、行きも帰りもインド経由の東回りコースをとっていたため、フィリピンのマニラには寄港してはいない。少年たちを引率してきたイエズス会のヴァリヤーノが携えていたのも、スペインではなくポルトガル領インド副王の親書だったが、秀吉の脳裏には「スペイン」という国名が、改めてしっかりと刻まれたはずである。

秀吉は、ヴァリヤーノが携えてきたポルトガル領インド副王からの親書には時間を置かずに大陸派遣の計画を告げ、布教抜きの貿易を求める返書を送った。

ルソンと琉球（沖縄）に服属を要求する書簡を送ったのは、九月になってからである。

秀吉、スペインに入貢を求める

一五九一年九月、スペイン領フィリピンのルソン総督(37)（ゴメス・ペレス・ダスマリニャス）に対し、初めて届けた親書の内容は、日本（秀吉）への入貢と、布教を伴わない交易を促すものだった。使者として抜擢されたのは原田孫七郎である。孫七郎は、先に松浦氏がフィリピンに派遣した使節団一行に随行していた原田喜右衛門の、甥とも手代とも見なされている人物である。

朝鮮出兵という秀吉の無謀な計画は、このころ、スペイン領フィリピンのルソン総督府にも伝わっていた。

当時のスペインは、アメリカ大陸発見以来、中南米のインカ帝国、マヤ文明を絶滅させ、アジアのフィリピンを植民地としてきた軍事大国としての絶対的な自信と誇りがある。世界最強の軍事力をもった黄金期のスペインに対して、辺境の日本が入貢を言って寄こすなど、片腹痛い話だった。

しかし、明朝（中国）に対して戦争を仕掛けようとしている日本に、ルソン総督府のマニラ要塞は不気味さを感じていたようである。

文禄・慶長の役

一五九一年には、肥前名護屋（現在の佐賀県唐津市）に名護屋城築城（御座所御普請）のため、黒田孝高《よしたか》（如水）、小西行長、加藤清正を召し出し、地割りを黒田孝高に、惣奉行を浅野長政に命じた。九州の諸大名にもそれぞれに負担を命じて工事を急がせた。

急ごしらえとはいえ、五層の天守と本丸御殿、九つの廓を持つ城郭を中心に、全国から呼び寄せた大名陣屋を配した城下町を造りあげたのである。広さは約一七万ヘクタール。当時としては大坂城に次ぐ規模だったという。名護屋から壱岐、対馬と島伝いに玄界灘を北上すれば、朝鮮半島の釜山までは指呼《しこ》の間であった。

一五九二年一月、約十六万の日本軍の陣立が発表され、朝鮮派遣の軍令が発せられた。後詰めを合わせると総動員数は約三十万人にのぼった。

同年三月二十六日、聚楽第で遣欧少年使節団との引見を終えた秀吉は大坂を出立し、ゆるゆると名護屋に向かった。

四月十二日、小西行長率いる一番隊の一万八七〇〇人が釜山《プサン》に上陸。四月十七日には清正率いる二番隊二万二八〇〇人が上陸した。朝鮮での戦いが足かけ七年に及ぶ泥沼の日々になろうとは、誰一人、夢にも思わなかった。秀吉はもちろん、清正も。

ルソン特使に抜擢された原田喜右衛門

一五九二年七月、ルソン総督は、前年に届いた秀吉の親書に対し、日本との友好関係を希望する返書と贈り物を、ドミニコ会士ファン・コボスに託して名護屋滞在中の秀吉に届けた。特使コボスを長崎で迎えたのは原田喜右衛門である。喜右衛門はコボスを名護屋滞在中の秀吉のもとに案内し、帰国まで面倒をみた。

同年十月、コボスの帰国に合わせ、秀吉は再度入貢を促す二回目の親書をマニラに届けさせた。このとき使者として起用されたのは喜右衛門だった。

一五九三年四月、喜右衛門らはマニラに到着した。これを、箭内健次氏は次のように解説している[38]。

喜右衛門が第二回の秀吉の使者としてフィリピンに渡り、政庁当局者に陳述したところによると、秀吉の真意は友好関係の樹立にあり、イスパニア（スペイン）人が敵か味方かを確かめる為であり、決して服属を求めたものでないと言い、また彼自身、フランシスコ派教師の名を挙げて彼らの渡日を希望している。勿論これはフィリピン側の記録であるから必ずしも真実とはいえないが、喜右衛門が先に（一五九〇年に）大司教に同様の要望を提出していることからみて、おそらく彼の真意は双方の間の平和関係の樹立にあったものと考えられ、これは貿易商人としての立場からも十分察知せられる所である。また同時に、この喜右衛門の言が、政庁側当局をして武力侵略の可能性なしとの判断をつくりあげたものとも考えられる。勿論彼とても、当時の大陸出兵その他にみられる雰囲気に乗じ、あるいは大名たちの侵攻熱を鼓吹したこともあろうが、それは必ずしも本意とはいえない。

このときの喜右衛門は、秀吉とルソン総督府との平和的な架け橋となることに徹したようである。

一五九三年五月、ルソン提督は、フランシスコ会士のペドロ・パウチスタ(バプティスト)・ベラスケスを特使とし、入貢は拒否する旨の親書を託して日本に派遣した。フランシスコ会はこのときをもって日本布教の始まりとしている。秀吉は名護屋で特使に会い、重ねて服従と入貢を強要する返書をパウチスタに託した。

翌年四月にはルソン新総督の使者、アウグスティン・ロドリゲスが日本に到着。秀吉に面会を求めたが実現はしなかった。

喜右衛門の野望

原田喜右衛門とはどんな人物だったのか。

喜右衛門は、先に紹介したように（本書一一五ページ）、平戸藩主・松浦鎮信が一五八六年にマニラに送った日本人四十人の一人、キリシタン商人の「パブロ・ファランダ・ヒエム」として、初めて歴史上に登場する。それから五年後の一五九一年九月、秀吉から第一回目の書簡を託されてルソンに向かった原田孫七郎は、喜右衛門の甥とも手代とも言われる関係者だった。

この間、喜右衛門は頻繁にルソンと日本を往来し、秀吉から親書を託されるほどルソン通の商人に成長していたのだろう。

箭内健次氏は、秀吉と喜右衛門のつなぎ役となったのは、秀吉側近で伏見奉行の長谷川宗仁だった、としている。宗仁は本能寺の変をいち早く秀吉に知らせた人物。京都の有力町衆だった長谷川宗昧の一族で、信長・秀吉の側近くに仕えた茶人として知られる。画家であり武将でもあったという。

『日本歴史人物事典』（朝日出版、一九九四年）では、原田喜右衛門を次のように紹介している。

生年・生没年不明。近世初頭の貿易家。洗礼名をパウロ（パブロ）と名乗るキリシタンであったが、のち背教している。兼ねてからフィリピン貿易に従事。天正十九（一五九一）年、豊臣秀吉がフィリピン諸島に入貢を促し、その答礼使としてドミニコ会派のファン・コボ（コポス）が翌年来日。喜右衛門は帰国するコボと共に第二回の遣使としてフィリピンに渡った。だがコボが帰途台湾沖で遭難したため、フィリピン側は第二回目の答礼使としてフランシスコ会のペドロ・バプチスタらを派遣。このようにフィリピン側では度々の往復で秀吉の出兵を遷延させる策に出ていた。この状況下、喜右衛門は、フィリピンは防備が薄いので秀吉の征服は容易であると進言した。しかし文禄一（一五九二）年、秀吉が朝鮮出兵を開始したため、フィリピン問題には力が入らなかった。さらに台湾の占領も秀吉に進言し、フィリピン諸島との中間地点の重要視を説得。自ら台湾征服を願い出ているが、これも秀吉に余裕がなかった。当時喜右衛門は全財産を失い、その能力もなく、ついにフィリピン貿易を中止した。スペイン人商人アビラ・ヒロン(39)によれば、喜右衛門は裕福な商人であったが、浪費好きで、身分不相応に見栄を張り、破産していたと伝えられる。人柄は極めて聡明で、抜け目のない、腹黒い、目はしのきく男であると評している。（参考文献：アビラ・ヒロン『日本王国記』〔岩生成一訳〕、村上直次郎編『異国往復書簡集』、中田易直『近世対外関係史の研究』）

ルソン通の喜右衛門は、秀吉に対して、防備の薄いフィリピンや台湾を征服するようそそのかしたというのである。これに同調した長谷川宗仁は、秀吉への進言を取りもち、二人は秀吉のスペインとの交渉を積極的にリードしようとした。喜右衛門が、ヒロンが言うほどの悪徳商人だったかどうかは分からないが、気宇壮大でかなり癖の強い人物だったらしい。日中戦争時代のアジア商人のようなイメージだろうか。

ルソン通で知られた喜右衛門ではあるが、ルソンと往来していたのは彼ばかりではなかった。一五九四年七月、秀吉は、ルソンから戻った堺商人の納屋助左衛門から、茶人には垂涎《すいぜん》の的だった茶壺などを贈られている。城山三郎の小説『黄金の日々』に描かれた主人公、ルソン助左衛門がこの納屋助左衛門である。

ルソンへは多くの大商人が交易船を派遣していた。利のあるところに人が集まり、モノや金が動くのは今も昔も変わらない。

六　南蛮ブーム、全国を席巻

肥前名護屋の南蛮ブーム

九州各地の大名を督励し超特急で築城した名護屋城。実際、秀吉がここに滞在したのは一年と八カ月ほどに過ぎない。

秀吉が最初に名護屋に到着したのは、小西行長、清正らが出陣した後の一五九二年四月二十五日。三カ月後の七月二十二日には、大政所《おおまんどころ》（母）危篤の知らせが入って急ぎ大坂に戻っている。葬儀を済ませると十月一日には大坂を発ち、十一月にはふたたび名護屋に戻っている。そして翌一五九三年八月十四日、秀頼誕生の知らせを受けて名護屋を離れたあとは二度とこの地に戻ることはなかった(40)。

名護屋滞在中の秀吉のもとには外国から多くの使節がやってきた。フィリピンのルソン総督府、明国、ポルトガル、またカンボジアなどからの使節が続々と訪れ、秀吉に面会している。

秀吉の名護屋滞在中の様子を伝えたイエズス会士ジョアン・ロドリゲス（ポルトガル人）の手紙がある(41)。これには、「総司令官のガスパル・ピント・ダ・ロシャが名護屋に太閤様を訪れました時、金色の槍を携えた（アフリカの）カフル人を護衛として連れて参りました。カフル人たちは赤い衣装をまとい、太鼓と笛を携えていました。太閤様はカフル人たちに太鼓と笛に合わせて踊らせました。カフル人たちは元来、この上もなく踊りが好きでしたから、それを見る人々は腹を抱えて笑い転げました」と描写されているという。

秀吉を先頭に、賑やかに練り歩く人々の姿が目に浮かぶ。

見物人は、名護屋後詰めの全国各地の大名とその家臣たち、また彼らのもとに軍事物資や生活日用品を届ける商人や町人たちだったろう。国内残留組は、海の向こうの朝鮮で清正たちが戦っているとは思えないほど陽気で賑やかな日々を過ごしていた。

名護屋は、前線基地であると同時に秀吉の外交の拠点であり、大坂や京都に匹敵する桃山文化の粋を集めた秀吉の遊興空間でもあった。

一五九三年八月、淀君が大坂城で男児（秀頼）を出産したとの報を受けて秀吉が大坂に戻ることになったとき、名護屋城下では南蛮ブームが一段と盛り上がった[42]。

ロドリゲス（前出）は次のような報告を残している。

「巡察師の使節（が訪れた）後には、私たちのことについての日本人の評価はたいしたもので、政庁においては、なんらかのポルトガルの衣類を身につけていない者は人間とはみなされないほどでした。このように大流行することはまさしく不思議なばかりでした。多くの諸侯は、種々のカーパ[43]の軍装、肩掛けマント、襞襟衣、半ズボン、縁なし帽などを持っていました。太閤様が名護屋から都に向かって出発する時には、名護屋（にいる人々）は市《まち》と政庁を挙げて、ポルトガル風の衣装をまとって彼に随伴しました。そしてそういう服装で都入りしたのでした。長崎の仕立屋たちは、一同の（衣服の）仕立てに従わねばならず、皆が都に（戻って）行くので休む暇もない有様でした。また彼ら（日本人）の間では、今、琥珀の球や金の鎖とかボタンを用いることが流行しています」

さながらハロウィンの仮装パーティーといった雰囲気である。大名たちは、舶来品が手に入らなければ長崎の仕立屋を呼び寄せて南蛮風の洋服を仕立てさせたという。長崎には南蛮人御用達の仕立屋がいたのかもしれない。

長崎には「長崎くんち」の傘鉾や船頭衣装などで知られる「長崎刺繡」がある。長崎市のホームページによれば、長崎刺繡は「長崎市中に居住していた唐人によって十七世紀後半（一六五〇〜）頃に伝えられた刺繡技術が長崎に定着したものと言われている」とのことだが、ポルトガル人が初めて長崎港にやってきたのは一五八〇年である。そのころからすでに長崎には教会があり、宣教師やキリシタン信者が集まるまちとなっていた。長崎の仕立師には南蛮服を見たり触ったりする機会がたくさんあったはずである。ほころびを繕い、ボタンつけなどを手伝ったかもしれない。名護屋にやってきた大名たちの要望に応え、長崎の仕立師たちが南蛮服に似た服を仕立てていたとしても不思議ではない。

国内各藩の大名たちは、名護屋で手に入れた南蛮ファッションを、異国文化の香りとともに領国に持ち帰ったのだった。

南蛮服で醍醐の花見

死去よりわずか半年前の一五九八年三月十五日、秀吉は盛大な「醍醐の花見」を催している。賑やかで派手好きだった秀吉の三大イベント(44)の一つに数えられる花見である。

醍醐寺は京都市伏見区にある真言宗醍醐派の総本山である。平安時代以来、皇室の尊崇あつく隆盛を誇ったが、応仁の乱で多くの建物が焼失、長く荒廃していた寺を秀吉が再興させていた。秀吉は、前年（一五九七年）春に下見に訪れ、七百本の桜を移植させるなどして準備を進め、花見当日は正室や側室、秀頼、大名など一三〇〇人を招待したという。

その日、女性には三着の召し物が贈られて二回の着替えが、男性には南蛮服の着用が命じられた。秀吉は、男性の南蛮服は、華やかな女性の着物と拮抗《きっこう》するものとして捉えていたようである。

しかし「醍醐花見図屛風」（六曲一隻、国立歴史民俗博物館蔵）に描かれた様子は少し異なる。秀吉はカルサンを穿いているように見えるけれども、襞襟を付けた南蛮服風の姿で描かれている他の男性は一人しかいない。南蛮服着用は強制ではなかったのかもしれない。

爛漫の桜のもとで行われた醍醐の花見は、飲めや歌えのドンチャン騒ぎ、これが現代につながる花見の始まりになったという。派手好きな秀吉ならではの趣向だったが、朝鮮で苦労していた清正たちには何とも気の毒な話ではある。

国内に現存する南蛮服

秀吉、政宗、謙信の陣羽織やマントは、いずれも金モールで飾られた豪華な衣装である。丹野郁氏によると、「金モール装飾は、わが国の、とくに武将たちが、エキゾティックなお洒落と見栄とを楽しむべく、また、豪華や権勢を示すための簡易な装飾手法として流行した」という。南蛮渡来の生地で仕立てた華麗な陣羽織を具足の上にまとった戦国武将は、戦場においても、舞台衣装を身につけた役者のように燦然《さんぜん》と輝いていたに違いない。

本書の巻末に、『南蛮服飾の研究』（丹野郁、雄山閣出版、一九七六年）、『美術作品レファレンス事典　国宝・重文篇1』（日外アソシエーツ、二〇〇九年）、『日本の染織　技と美』（京都国立博物館、京都書院、一九八七年）などを基に、国内に現存する桃山時代の服飾を一覧表にまとめた（祭服や能・狂言などの衣装は除く）。掲載漏れや、掲載にはふさわしくない項目があるかもしれない。ご教示いただければ幸いである。

【注】

（1）フェルナン・メンデス・ピント（一五〇九？〜八三）、ポルトガルの冒険家、著述家。著書に『東洋遍歴記』がある。
（2）アントニオ・ガルバノ（ガルヴァンとも）、一五六三年に『世界新旧発見年代記』を出版。
（3）『日本洋服史――一世紀の歩みと未来展望』洋服業界記者クラブ日本洋服史刊行委員会編、日本テイラーニュース、一九七七年
（4）スペイン南部の都市。イスラム様式のアルハンブラ宮殿（城塞）が有名。
（5）コロンブスが最初に上陸したのは、バハマ諸島の一つ、サン・サルバドル島だといわれている。

（6）ニコラウス・コペルニクス（一四七三～一五四三）、ポーランド生まれの天文学者、カトリック司祭。地球は太陽の周りを回っているという太陽中心説を唱えた。

（7）インドネシアのモルッカ群島原産。チョウジノキの花蕾を乾燥させたもので、肉料理に使われる。別名＝チョウジ（丁子）。

（8）モルッカ群島原産。熱帯性常緑樹ニクズクの実の種子。肉料理全般、野菜や卵料理などにも使われるスパイス。

（9）村井章介「石見銀山と〝世界史の成立〟」、世界遺産登録記念「輝きふたたび石見銀山展」図録、二〇〇七年

（10）絹織物はジェノバのほか、ヴェネツィア、フィレンツェでも生産されていた。

（11）カルサン（ポルトガル語）。南蛮人がはいていたものに似せて、筒を太く、裾を狭くしたもの。江戸時代には武士の旅装、大工などの仕事着として用いられた（『三省堂大辞林』）。山袴、伊賀袴、立付のこと。

（12）書簡第九十六。『聖フランシスコ・ザビエル全書簡』全四巻、河野純徳訳、平凡社、一九九四年

（13）水谷由美子「宣教師が見た日本における南蛮服飾の受容について――十六世紀後半から十七世紀初頭を中心に」『国際服飾学会誌』21、二〇〇二年

（14）『知の再発見双書53　イエズス会――世界宣教の旅』フィリップ・レクリヴァン著、垂水洋子訳、鈴木宣明監修、創元社、一九九七年。フィリップ・レクリヴァンは一九四一年生まれ、神学博士、現在パリ文化センターのイエズス会神学・哲学院教授。

（15）『長崎県大百科事典』より、洗礼名はドン・バルトロメウ。

（16）前掲（14）

（17）実際は、大村純忠の息子は四人いたとされている。

（18）前掲（13）
（19）司祭、キリスト教徒一般を指す言葉。パードレ、イルマンとも言う。いずれも「司祭」や「神父」という意味。
（20）中山千代「南蛮風俗の伝播形態」「立正女子大学短期大学部研究紀要」16、一九七二年
（21）フィリピンのルソン島とミンダナオ島の間にある小さな島。
（22）大量の物資が積載でき、高い攻撃力・防衛力をもった大型帆船軍艦。スペインは、西に向けてメキシコの銀を、東に向けて中国の絹織物や陶磁器などを運んだ。
（23）マニラに置かれたスペイン総督府の初代総督はミゲル・ロペス・デ・レガスピ。
（24）箭内健次「豊臣秀吉と貿易商人」『歴史と人物』日本歴史学会編、吉川弘文館、一九六四年
（25）同前書
（26）フロイス『日本史』
（27）堺市博物館特別展「南蛮――東西交流の精華」図録より、「秀吉の対ポルトガル・スペイン政策」
（28）『長崎県大百科事典』年表、九四六ページ。人物像不明。
（29）『年表日本歴史４』筑摩書房、一九八四年、五九ページ
（30）中島楽章「十六世紀末の九州―東南アジア貿易　加藤清正のルソン貿易をめぐって」『シリーズ・織豊大名の研究第２巻　加藤清正』山田貴司編著、戎光祥出版、二〇一四年、三一六ページ
（31）島津氏に仕えた医者。許儀後、許三官ともいう。
（32）一五八七年、京都上京区に完成した、堀や天守をもっていた豪華な平城。秀吉の政庁であり邸宅として使われたが、八年で棄却されたという。
（33）中野等『文禄・慶長の役』吉川弘文館、二〇〇八年、二六ページ
（34）丹野郁『南蛮服飾の研究――西洋衣服の日本衣服文化に与えた影響』雄山閣出版、一九九三年

（35）このときの秀吉宛のポルトガル国印度副王信書は、国宝となっている（京都、妙法院蔵）。伴天連追放令の緩和を求める内容だったという。

（36）このとき演奏されたのは十六世紀のスペインの作曲家、ルイス・デ・ナルバエスの「皇帝の歌」だったといわれている。

（37）総督は、軍事・行政・司法の三権を掌握した最高位の役職。

（38）前掲（24）

（39）ヴェルナディーノ・デ・アビラ・ヒロン（?〜一六一九?）、十六世紀末から約二十年間長崎に在住したスペイン人の貿易商人。長崎での見聞を中心に執筆したのが「日本王国記」。時代的には、ザヴィエルが鹿児島に上陸した一五四九年から大坂の陣（一六一四〜一五）に及ぶ。

（40）名護屋城博物館「ふるさとの歴史と文化」遊学講座資料、二〇一三年より、同館学芸課・市川浩文「肥前名護屋城跡と大名陣跡――築城から廃城まで」

（41）松田毅一『豊臣秀吉と南蛮人』朝文社、一九九二年

（42）同前書

（43）CAPA。ケープのこと。雨に濡れず、おしゃれに見えることから戦国武将に人気があった。日本の雨具「合羽」の語源とされている。

（44）ほか二つは、北野の茶会（一五八七年十一月、京都北野天満宮）、吉野の花見（一五九四年春、奈良県吉野）。

第四章
清正と南蛮との出会い

一　数字に強かった清正

武将デビュー

清正は秀吉の薫陶を受けて育った武将である。南蛮好きだった秀吉の側近くで仕えたから、異国の文化や南蛮ファッションに触れる機会はいくらでもあったろう。

秀吉の内弟子時代を卒業し、青年清正が初めて播磨国飾東《しきとう》郡のうち一二〇石の知行をあてがわれたのは一五八〇年、満十八歳のときである。姫路市の南、播磨国の中央に位置する場所で、北陸へと結ぶ但馬《たじま》街道の交通の要衝として栄えたところである（兵庫県神崎郡福崎町）。民俗学者の柳田国男が生まれた町としても知られる。

同年九月十九日付で発行された「加藤虎」宛の「羽柴秀吉判物　知行宛行状」が現存している。加藤虎の「虎」とは清正の幼名「虎之助」のことで、清正が歴史上に登場する最初の古文書とされている。「知行」とは、その土地の支配権と、そこで穫れた米などの年貢を与えられるというもので、無給だった青年清正がようやく一人前となり初めて手にする給料（年俸）でもあった。一二〇石の実高四割として四十八石。一石約十万円[1]とすれば四十八万円だが、そこから家来の給料を支払わなければならないので、年俸は小遣い程度だったことになる。

秀吉は一五八〇年一月、黒田官兵衛（孝高、如水）の案内で播磨国三木城の別所長治を兵糧攻めにして自刃に追い込み、開城させた。四月には同国の検地を行っているから、九月にもらった初めての清正の知行地が播磨の国だったのもうなずける。

天下はまだ信長の時代。安土城が完成したのはこの前年（一五七九年）五月のことで、まさに信長の絶頂期だった。

信長は、南蛮からやってきた博識の宣教師たちに、布教とイエズス会の教会を建てることを許し、彼らとの会話を楽しんでいる。このころの国内のキリシタン信者数は約十五万人といわれ、安土城下には南蛮人やロザリオを胸に下げた多くの信者がいた。信者でなくてもロザリオをペンダントとして楽しむ若者もいたという。清正は、安土城に登城したことはなかったかもしれないが、秀吉のお供で安土を訪れ、山上にそびえる壮麗な安土城を見上げたことはあっただろう。安土の城下には、闊達で、心を熱くする時代の風が吹いていた。

一五八二年六月二日早朝、本能寺の変。

備中高松城（岡山市）を攻めていた秀吉が急報を受けたのは、三日の深夜か四日の早朝。六日(2)には大軍を引き連れて京に戻り（中国大返し）、十三日には光秀を山城国山崎で討ち取った。

六月二十七日、清須城（愛知県清洲市）で織田家の跡目相続会議。出席者は秀吉、柴田勝家、丹《に》羽《わ》長秀、池田恒興《つねおき》の四人（滝川一益は欠席）。三法師（織田秀信）を立てた秀吉が優勢となった。

翌年四月二十一日、秀吉軍は賤ケ岳（滋賀県長浜市）において柴田勝家軍を破った。これで織田家の跡目相続をめぐる秀吉と勝家の勝負に決着がついた。

このとき活躍したのが、のちに「賤ケ岳の七本槍」と讃えられる若手武将の面々である。清正以下、福島正則、加藤嘉明、脇坂安治、平野長泰、糟屋武則、片桐且元の七人は、いずれも当時二十代の若武者ばかり。しかし、実際は七人ではなく九人だったとか、石田三成や大谷吉継、一柳直盛も名を連ねていたとか、福島正則や清正は賤ケ岳の話をされることを嫌ったとか、さまざまな説があるようで、真実はよく分からない。

いずれにせよ、清正にとっての武将デビューは、秀吉時代の扉を開いた賤ケ岳の戦だったことは間違いない。このときの武功により、清正は知行一二〇石から二九四七石へと加増された（近江・山城・河内国）。約三千石になったとはいえ、四公六民として実高は約一二〇〇石。家来の給料分を差し引けば年俸の実質手取りは約七二〇万円。ようやく一人前として認められたということだろう。

同じとき、清正とほぼ同年の福島正則は五百石から五千石へと加増されている。正則は当時すでに山崎の戦で武功を立てていたから、賤ケ岳が初陣だった清正と差がついたのはやむを得ない話である。

「主計頭」となる

秀吉の次なるターゲットは徳川家康だった。

一五八四年三月から、小牧・長久手（愛知県長久手市）において、秀吉軍十万、織田信雄（信長の次男）・家康連合軍約三万のにらみ合いが続いた。

清正も一五〇人の軍勢を率いて従軍している。今でいえば中隊の大尉か少佐クラスの位置付けだろうか。秀吉本陣の後備《うしろぞなえ》として、本陣前方左手に手勢を置いたという。最前線に出て戦う機会はなかったのか、小牧・長久手《ながくて》の戦では目立った働きはしていない。秀吉が織田信雄と単独講和を結んだことにより家康は戦いの名分を失い、十月には秀吉との講和に応じた。

これで秀吉の天下が定まった。

一五八五年七月、秀吉は「関白」となり、ついに名実ともに国内トップの座についた。翌八六年九月には後陽成天皇から「羽柴」の姓を与えられ、十二月には太政大臣（官位制の最高位）に就任した。

この間、清正は「主計頭《かずえのかみ》」となっている。主計とは現在の財務省主計局にあたり、予算に関わる仕事や税の徴収を担当する部署である。「頭」とはその部署の長官を意味するが、二十四歳という年齢から考えると、いきなり主計寮のトップになったとは考えにくい。また、当時は律令制度が有名無実になっており、官職は得ても実際の仕事を伴わず、権威づけや格付けの意味しかなかったともいわれる。しかし、もともと清正は「主計頭」という官職にふさわしく数字には強かったようで、これ以降、清正は、秀吉だけでなく同僚武将からも「主計」、「主計頭」と呼ばれるようになった。

清正に限らず、戦国時代、大名となった武将はほとんどが数字には強かったようである。一国一城の主ともなれば一部上場企業の社長や県知事クラス、あるいはそれ以上の権力と財力をもつ。しかし、戦をするにも城を造るにも莫大なお金がかかった。数字に明るくなければ自給自足が原則の領国経営などできるはずがない。

余談だが、日本に現存する最古のそろばんは、東京目黒にある加賀藩前田家の尊経閣文庫所蔵の「前田利家のそろばん」だとされてきたが、近年、もっと古いものがあることが判明した。大阪のそろばんメーカー雲州堂が所蔵する「四兵衛重勝拝領算盤」(3)である。秀吉時代の博多町割の際に活躍した福岡藩黒田二十四騎の一人、久野四兵衛重勝が秀吉から拝領したもの。十六進法に基づいた中国製で、上二つ玉、下五つ玉、枠には銀細工が施された珍しい形をしていた。一五七〇年ごろ中国から伝わったものだという。

清正が大名へと駆け上がっていく第一歩が経理畑であったことは、清正が「南蛮」に触れるベースとなったと言っても過言ではない。清正がそろばんを使ったかどうかは分からないけれども。

大坂堺（大鳥郡）の代官を務める

賤ケ岳以後の清正の加増は以下のとおりである。(4)

一五八五年三月、河内国内に四三四石
　同年九月、替地として摂津国内に一八三九石
一五八六年一月、播磨国内に新知として三百石
一五八七年十月、丹波国内に六二〇石

主計頭になってからの清正は、知行地を得ただけではなく、全国三十五カ国に及んだ太閤蔵入地（秀吉の直轄地）を管理する多くの「代官」の一人として活躍した。秀吉が蔵入地から得る税収は、米麦などのほか、金山・銀山や諸役運上（租税）の金銀と地子（貸し付けた土地の地代）から成り、全国に点在する全ての蔵入地から上がる税収だけで二二〇万石にもなったという。

管理を任された直轄地には秀吉に代わって出向き、年貢や諸役の徴収に当たった。

若き日の清正が担当した秀吉の蔵入地は、現在、次の約三カ所が確認されている。

① 一五八六年～、播州飾東郡十二カ所の蔵入地五〇三二石（兵庫県）

② 和泉国堺周辺（泉州堺大鳥郡を中心とする地域、大阪府堺市）

③ 一五八七年、讃岐国（香川県）

清正が和泉国堺周辺の代官を務めた時期があることに注目したい。堺の大鳥郡は、現在の堺市西区鳳地区あたりと推定されている。

摂津と和泉の国境に位置する堺は、もともと西高野街道と熊野街道が交差する交通の要衝で、信長・秀吉の時代より百年も前から遣明船の発着港、国際貿易港として賑わっていた港湾都市である。京の人口が約二十万人だった十六世紀末、堺と博多はともに人口二、三万人を擁していたという。

戦国時代の堺は、町域の東側に幅四～八メートル、深さ二メートル強の二重の濠があり、南側にも幅一一～一七メートル、深さ二・三～四・二メートルの堀をめぐらして土塁を築き、城郭のような構えをもった環濠都市だったという。(5) 西は瀬戸内海へとつづく天然の要害・大坂湾である。現在の堺を歩くと「昔の堀跡」とよばれる場所がある。お世辞にも美しいとは言えず、溝かクリークのようにしか見えないが、かつて堺のまちを壮大な堀が囲んでいた名残である。

ルイス・フロイスが堺を「東洋のベニス」と賞賛したのは、堺が水の都（環濠都市）であっただけではなく、「甚だ広大にして大なる商人多数あり、此町はベニス市の如く執政官により て治められている」（一五六一年、宣教師ガスパル・ピエラの手紙）という市民自治の自由都市であったことにもよる。堺は三十六人で構成された「会合衆《えごうしゅう》」と呼ばれる自治組織によって運営されていたのである。

近年の発掘調査でも数多くの舶来陶磁器が出土している。約九七％が中国製、残りの約三％が朝鮮製と東南アジア製で分け合っているという。江戸時代初期、海外貿易が朱印船貿易となってからの十二年間（一六〇四〜一六一六年）だけでも海外渡航先は十九カ所、発給された朱印状は一九五通を数える。朱印船以前の海外渡航はもっと自由でおおらかだったというから、港には大小の船がひしめき、殷賑《いんしん》を極めていたことだろう。

国内外の物資や情報が集散する堺は、京都にも近く、古くから刀剣や武具の生産が盛んな工業の町でもあった。完成品としての鉄砲をいち早く大量生産できる近代的・合理的な鍛冶の技術や分業体制が整っていたのも、工業都市としての伝統があったからである。

堺には、木屋弥三右衛門、皮屋助右衛門、大黒屋助左衛門、西類子《ルイス》など、国内外との交易や納屋（倉庫）業で財をなした多くの豪商が住んでいた。彼らは私兵さえ擁していたという。

このような堺の豊かさと実力を信長や秀吉が見逃すはずがない。

堺に初めて代官を置いたのは信長である。信長は側近の松井有閑を代官として堺を支配し、堺商人の今井宗久、津田宗及、千利休を茶頭として側近くに置いた。信長や堺商人の庇護を受けた初期のイエズス会宣教師が、京への拠点としたのも、ここ堺であった。

一五八六年、羽柴の姓を賜って太政大臣となった秀吉は、この年、自ら出向いて堺を守っていた外堀の環濠を埋めさせ、大坂城築城に際しては堺商人の大坂への移住を促し、町人自治から武家支配の新体制へと移行した。

堺奉行に任じられたのは石田三成と小西隆佐である。薬種屋だった小西隆佐は、秀吉の九州攻めや文禄・慶長の役で兵糧米の輸送を一手に担った人物。隆佐の息子が、やがて清正のライバルとなる小西行長である。行長はすでに秀吉に武将として取り立てられており、秀吉の紀州攻め（一五八五年）では水軍を率いて功を立てていた。

清正が太閤蔵入地の一つ、泉州堺の代官になったのは、ちょうどこのころ（一五八六年）のことである。必要な時に赴いただけだろうが、賑わう堺は大鳥郡のすぐ隣である。堺を歩き、まちの喧騒、鎚治屋から聞こえる鎚を打つ音、漂う硝煙の匂い、港に舫《もや》うさまざまな船などを見聞して、清正は、まだ見ぬ国々への憧れをかきたてられたことだろう。

当時の清正は二十四歳。ようやく一人前になったものの、秀吉の子飼いというだけで堺の経済界や商人たちとは何の縁もコネもなく、ましてや南蛮との縁など、夢のまた夢であった。

二　南蛮色の濃い九州へ

九州攻めでは後方部隊として従軍

九州制覇を目論む島津勢に攻められていた大友宗麟は、関白秀吉に救援を要請していた。これを受けて秀吉は、一五八五年十月、両者への停戦令を出していたのであるが、島津はこれを拒否した。

一五八六年十二月、秀吉自ら島津征伐に当たるため、二十万の兵の動員を全国に発令。兵粮奉行は石田三成、大谷吉継、長束正家の三人。船舶の調達や兵糧運搬の実務は堺の小西隆佐に命じている。

一五八七年元旦、秀吉は陣立とともに軍令を発し、一月二十五日には宇喜多秀家が大坂を出立。二月十日は秀吉の弟秀長が、そして三月一日には秀吉自ら本隊を率いて大坂城を出立した。このときの陣立を、大浪和弥氏（延岡市教育委員会文化課学芸員）は次のように解説する。(6)

「天正十五（一五八七）年正月五日に秀吉が九州攻めの部隊編成を書き上げた陣立が残されている。この陣立には秀吉家臣八十名の名が列記され、先発部隊、関白前備、関白脇備、関白後備にそれぞれ配備されている。清正については、同史料中に『一七〇　加藤主計頭』と記載され、一七〇名の手勢を率いて秀吉の後備として、三月一日に大坂進発が予定されている。八十名の家臣中、清正の名が登場するのは七十三番目、後備十七名の中でも十番目である。秀吉軍本隊に付属するとはいえ、編隊の序列から言えば最後尾に近く、主力の戦闘部隊ではなく、後方部隊に組み込まれた秀吉家臣の一人に過ぎない位置づけであったことが判明する」

三月、小倉に上陸した秀吉軍は二手に分かれた。太平洋岸を下る東ルートを率いるのは秀吉の弟・秀長軍十万。先手は黒田、蜂須賀、大友義統らで、秀長本隊には毛利、小早川、宇喜多らが従っていた。

有明海側の西ルートを進んだのは、同じく十万の秀吉本隊である。清正は秀吉本隊の後方の目立たない位置に付けていた。

一方、小西行長は、脇坂安治、九鬼嘉隆、加藤嘉明らによって編成された「秀吉水軍」に属していた。当時二十九歳の行長は、堺奉行を務める父隆佐が全国からの船舶や兵糧の調達を担当していたことや、堺経済界のバックアップもあって、すでに「水軍の将」と呼ばれていたようである。行長らの水軍は、秀吉本隊の先陣として四月二十五日には海路、鹿児島の出水《いずみ》に到着。翌二十六日には薩摩川内《せんだい》に入った。

このとき、一青年将校として後方部隊にいた清正と、すでに海軍の将として前線で活躍していた行長とは、秀吉の覚えや格付けにおいて雲泥の差がある。当時の二人は、互いの存在など意識してもいなかっただろう。

圧倒的兵力で雲霞《うんか》のごとく押し寄せてきた秀吉軍を前にしては戦国最強といわれた島津軍の抵抗も空しく、剃髪した島津義久は五月八日、薩摩川内の泰平寺において降伏した。

博多で

島津を降伏させ、ゆうゆうと博多に戻った秀吉本隊は筥崎八幡宮に宿営した。約二週間の滞在中に、伴天連追放令、博多町割、九州国分けなどを次々と発令。次なる目標を、関東の北条氏と奥州伊達氏の平定、さらには海を越えての「唐入り」と定めていた。

当時の博多は、幾度も兵火にあって焼け野原と化していた。秀吉は博多を唐入りの重要な基地と想定していただけに、まちの再興は焦眉《しょうび》の急として博多町割を行った。町割に当たっては、石田三成、滝川雄利、小西行長、長束正家、山崎片家の五人を町割奉行として配下に下奉行三十人を置き、博多の豪商・神屋宗湛《そうたん》、島井宗室に対して協力を要請。博多商人の経済力を利用して博多の復興に当たらせることにした。黒田二十四騎の一人、久野四兵衛重勝が秀吉からそろばんを拝領したのもこのときだったと思われる。

九州国分けの詳細は省く。

国分けで肥後を与えられたのは佐々成政である。尾張生まれの成政は信長に仕えて頭角を現し、越前府中に知行を与えられて小丸城を、のち富山城を居城とした。織田家の跡目相続争いでは柴田勝家側についたが、賤ケ岳で秀吉に破れ、娘を人質に差し出し、剃髪して降伏。所領安堵された。しかし、小牧・長久手の戦いでは家康・織田信雄方についてふたたび秀吉に離反。それでも一命は助けられ、以後はお伽衆の一人として秀吉の側近くに仕えていた。秀吉は経験豊富な成政を高く評価していたのであろう。

讃岐国代官を拝命

九州平定が終わった一五八七年八月、秀吉は清正を代官として讃岐国に派遣し、蔵入地の現状を視察させている。

これは九州攻めの際、秀長軍に所属して日向国高城川(耳川)の戦いで軍監を務めた仙石秀久が失敗。その跡を継いだ尾藤知宣《びとうとものぶ》もまた、あまりの消極さから島津軍討伐の好機を逃したとして罰せられ、改易・追放されていたことによる。尾藤氏は秀吉の四天王と称された一人で、四国屈指の穀倉地帯、讃岐国宇多津五万石の領主だったというが、いともあっさりと追放されてしまったのである。改易後の尾藤氏の行方はよく分からない。

山田貴司氏（熊本県立美術館学芸員）は、「（清正は）家臣を讃岐に派遣して蔵米などの調査を進め、平山城を管理下に置いた。そして同年八月までに讃岐へ赴き、新領主・生駒親正《いこまちかまさ》へ城を受け渡している。この間、わずか二カ月あまりの任務だった」という(7)。

清正は讃岐の現状を視察。のちに肥後半国を与えられたとき、秀吉からこの尾藤家桔梗紋の什器を拝領し、実際に使用していたことはよく知られている。

三　若武者清正、肥後半国の領主となる

肥後国衆一揆

一五八七年六月の九州国分けでは、佐々成政が肥後領主となった。

当時の熊本には隈部親永《くまべちかなが》、城久基《じょうひさもと》、小代親泰《しょうだい》など五十余人の国衆（地方豪族、武士集団）が割拠していた。秀吉は、国衆の本貫地《ほんがんち》(8)を大幅に減少させたものの基本的には所領安堵策をとり、領国の治め方については成政に「三年間は検地を行ってはならない」など、五カ条の命令を下していた。

しかし成政は従わず、就任直後の七月から検地を行った。新任領主として領国の広さや石高を早く正確に把握したいと思うのは当然の話ではあるが、あまりにも性急で、秀吉の命令を無視した行いだった。

これに対し、熊本北部の隈府《わいふ》城主・隈部親永の籠城をきっかけに、国衆たちが一斉に反旗を翻した。一揆は肥後国内にとどまらず、豊前、肥前、筑後へと野火のように広がり、農民や女性たちも一揆に加わったという。

九州を平定したばかりの秀吉としては面子をつぶされた格好である。

一五八七年十二月、秀吉は二万（三万とも）の派兵を命じ、翌年一月には一揆処理のため黒田孝高、加藤清正、小西行長ら七人の上使衆《じょうししゅう》と、秀吉軍・四国軍ら二万の上使軍を派遣。素早い対応により一揆は日を置かずに鎮圧された。

賤ケ岳以来、たいした戦功をあげていない清正が、錚々たる大名たちで構成された上使衆の一人に任命されたのは、主計頭としての経験と讃岐国宇多津五万石の代官としての役目を無事終えたことが評価されたのかもしれない。秀吉は、上使衆の一人に任じたときから清正を表舞台へと押し出すことを決めていたと思われる。

熊本の『小川町誌』（一九七九年）は、秀吉が派遣した上使衆は、「隈本城に浅野長吉、宇土城に加藤清正、山鹿城に生駒親正、隈府城に蜂須賀家政、御船城に黒田孝高、内牧城に毛利勝信、八代城に福島正則がそれぞれ進駐し、一斉に検地が行われた」と記している。

上使衆は、相良氏の球磨《くま》郡を除き、それぞれのエリアで同年（一五八八年）二月から一斉に検地を実施。これ以後、肥後の正式石高（公儀高）は五十四万石と確定した。

同年五月（閏五月十四日）、佐々成政は尼崎において切腹し、お家断絶となった。秀吉は肥後の国衆にも厳罰をもって臨み、一千人が処刑されたといわれている。

肥後半国の領主として熊本へ

佐々成政切腹の翌日（閏五月十五日）、秀吉は、県央を流れる緑川を境にして熊本を南北に二分し、北を清正に、南を小西行長に与えた。

熊本の南を任された小西行長は当時三十三歳。すでに小豆島一万石の国持ち大名であり、秀吉水軍の大将を務めた経験もある。父・隆佐は堺の経済界を牛耳《ぎゅうじ》る奉行であると同時に秀吉軍の兵站《へいたん》を一手に担っていた人物であり、家柄も財力もある。行長の娘が対馬の宗家に嫁いでいた関係で、博多の経済界や朝鮮とのコネクションもある。キリスト教信仰を通じた仲間も多い。行長は、戦国大名の中でもエリート中のエリートだった。

一方、熊本の北を治めることになった清正は当時二十六歳。それまで知行約四千石の主計頭にすぎなかった清正に与えられた所領は、緑川以北八郡と葦北郡の九郡で約一九万五〇〇〇石。

国衆分を除くと実質一七万五〇〇〇石であるが、まさに目がくらむような大出世である。しかし清正は、財界との繋がりはゼロに等しく、カネも血筋（家柄）もない。ゴッドファーザーとも言える秀吉だけが頼りの一匹狼だった。

清正と小西行長。肩を並べるにはあまりにも格が違い過ぎたが、清正には若さがある。国を治める自信も胆力もあった。もちろん情熱も。

肥後に赴く新米領主清正を気づかって、秀吉は細やかな指示を与えている。

① 隈本城（標高五〇メートルの茶臼山の東側、現在の熊本市千葉城町にあったという中世の城）を拠点とすること

② 小西行長と相談して佐々成政の家臣を召し抱え、肥後一揆に参加しなかった国衆らを家臣に加えること

③ 海上交通の要衝である玉名郡と、穀倉地帯の託麻《たくま》郡にある太閤蔵入地（約五万石）の代官を兼務すること

などである。

あまりにも急な抜擢だったので、熊本に持参する什器や調度類もない。清正が、秀吉に願って代官を務めたことのある讃岐の尾藤家から、尾藤氏家紋の「桔梗紋」入りの什器や調度品などを継承させてもらったことはすでに紹介した。素朴で実直、現実的な清正の性格がよく分か

るエピソードである。

　こうして一五八八年五月、清正は熊本の北半国の青年領主となった。

清正を支えた重臣たち

　熊本の領主となったものの、文禄・慶長の役などで熊本を離れることの多かった清正を支えたのは、下川又左衛門、加藤喜左衛門、中川重臨斎（寿林斎）らの重臣たちである。

　加藤喜左衛門清重は清正の叔父（父・清忠の弟）、中川重臨斎は清正の従兄弟にあたる。また下川又左衛門は秀吉に仕えていた人物で、秀吉に忠実であったように、清正にも、二代藩主となった加藤忠広にも誠実に仕えている。清正が下川に寄せる信頼は絶大で、朝鮮出兵中は軍需品などの調達のみならず、秀吉・家康との折衝役という重責も担っていた。この三人が清正家臣団の中心的存在だったようである。

　また、清正時代の端城（出城）は、南関、阿蘇（内牧）、矢部、宇土、八代、佐敷、水俣の七カ所[9]にあって、それぞれ清正の信頼する重臣が城代として城を守っていた。

　他にも多くの個性的な重臣や家臣たちが居並ぶなか、注目したいのが領国経営を主管した家臣の存在である。

　清正は、基本的にはワンマン経営だったというのが定説だが、「主計頭」の名前どおり数字に明るく、合理性を追求したクールな経営者だったと言ってよいのではないか。そんな清正が領国経営において頼りとしたのが、大木土佐守（織部、兼能）と下津棒庵《しもづぼうあん》だった。

大木土佐守は一六一一年、清正の死去に際して殉死。浄池廟の右側に墓があることはすでに紹介した。清正の蔵入地の勘定方、京都・伏見留守居役を務め、幕府が開かれると江戸留守居役となり、幕閣衆との政治折衝にあたった。数字に強い清正に最も信頼された重臣の一人である。

下津棒庵については『新熊本市史』(10)が、「清正の政治顧問であった下津棒庵は、京都公家久我家の出身で、相国寺支配下の鹿苑寺《ろくおんじ》金閣の僧であったが、清正の要請にて還俗して清正に仕えた。彼は清正の総財政の出納采配をし、京都・伏見の政治家の人的関係をよく知っていたので、政権枢要者との政治折衝にあたり、また当時の海外貿易の実務が相国寺の承兌《しょうたい》があたっていたので、その任にあたって政治折衝するには最適な人物であった。さらに関白近衛信尹や公家西洞院時慶や文化人船橋秀賢とも懇意であったので、京都の文化を清正に伝える媒介人でもあった」と紹介している。

ほかにも清正を支え、文武両翼を担った家臣はたくさんいるし、エピソードも多彩に語り継がれている。清正とともに戦場を駆け、熊本の国づくりに奮闘した幼馴染の飯田覚兵衛や森本義太夫もまた家臣団のなかでは忘れてはならない侍大将だが、ここでは触れない。

次章では、数字に強かった清正の南蛮貿易について考えてみたい。

【注】

(1) 一石＝一両を約十万円として計算。日銀貨幣博物館ホームページの資料と、『歴史考証事典』稲垣史生著、新人物往来社、一九七四年より。
(2) 高松城からの大返しの始まりは「六月四日午後」とする説もある。
(3) 久野文書「御宝器控」福岡市博物館蔵
(4) 大浪和弥「加藤清正と畿内――肥後入国以前の動向を中心に」「堺市博物館研究報告」第32号、二〇一三年
(5) 堺市博物館特別展・地域展図録「激動の時代『慶長』を掘る――よみがえる400年前の京都・大阪・堺」二〇一一年
(6) 前掲(4)
(7) 山田貴司編著『シリーズ・織豊大名の研究第2巻　加藤清正』戎光祥出版、二〇一四年、「加藤清正論の現在地」一二ページ
(8) 氏族集団発祥の地、本籍地。
(9) 関ケ原後、五十四万石になってからの端城を含む。参考：『新熊本市史　通史編第三巻近世Ⅰ』一四五ページ
(10)『新熊本市史　通史編第三巻近世Ⅰ』一四七ページ

第五章

清正の南蛮貿易

一　清正時代の熊本の国際港、高瀬と川尻

中世からあった熊本の海外交易ネットワーク

清正は、いつ、どこで南蛮（ポルトガル、スペイン）と接触し、「清正公の南蛮服」を手に入れる機会を得たのだろうか。

清正が南蛮と出会ったのは、やはり肥後領主になったことがきっかけだったと思われる。南蛮と接触できたベースには、「熊本にはもともと中世からの海外貿易港があり、南蛮との貿易ネットワークがあった」と説くのは、山田貴司氏（熊本県立美術館学芸員）である。

現在でこそ経済産業活動の流通ネットワークは道路や鉄道、空路で形成されているが、清正の時代、大量の荷物を運べるのは船しかなく、交通の大動脈は川と海であった。川や海を行き交う船が人と物を運んだのである。

特に熊本には、古くからアジアにひらけた港があった。

山田氏は「加藤清正論の現在地[1]」のなかで、

「中世以来、肥後には玉名郡の高瀬や伊倉、飽田郡の川尻、八代郡の徳渕《とくふち》など、東アジアを往来する貿易船の寄港地が存在した。例えば、高瀬は天正四（一五七六）年にポルトガルの『石火矢（大砲）』が日本で初めて陸揚げされた港であった。また、黒田長政・鍋島直茂・毛利吉成・加藤清正に対して『南蛮黒船』の不当貿易禁止を通知した（天正十九／一五九一年）九月二十三日付豊臣秀吉朱印状写『鍋島家文書』は、肥後を含む北部九州地域に『南蛮黒船』が来港していた状況を示唆するし、天正十五（一五八七）年七月には、実際にスペイン人を乗せた外国船が天草に着岸。時の領主・佐々成政と面会している。すなわち、肥後北半国の大名となった清正は、中世以来形成されてきた（熊本の）港町と貿易ネットワークを利用しつつ、海外貿易をスタートしたのであろう」

と紹介している。

菊池川河口の「高瀬」と「伊倉」

中世から形成されていたという熊本の海外貿易ネットワーク。船の寄港地としては「高瀬」と「伊倉」の港がよく知られていたという。いずれも菊池川河口にひらけた港である。

阿蘇外輪山に源を発し、菊池平野、玉名平野という二つの肥沃な平野を潤して有明海へと注ぐ県北の一級河川・菊池川。河口の対岸は雲仙岳がそびえる島原半島である。

七世紀後半、朝鮮における白村江《はくそんこう》の戦いで、唐・新羅連合軍に敗れた日本が、大宰府を守るため水城などの防衛網を整備した際、南の防御拠点として菊池川上流に鞠智《きくち》城を築いた。以来、長くこの地を治めてきたのが、菊池川の名前の由来となった肥後の豪族・菊池氏一族である。菊池氏が繁栄した理由の一つが菊池川水運の掌握にあった。

扇状地をなす河口の両側には、有明海に向かって岬のようにせり出した台地があり、台地の先端に港があった。北にあるのが「高瀬」、南にあるのが「伊倉」で、二つの港は河口をはさんで向き合う位置にある。

北の高瀬側は細長い砂州の上に形成されており、そのもっとも高い場所に、菊池川と繁根木《はねぎ》川を天然の外堀とし、菊池裏川を内堀として、菊池氏の出城である高瀬城（保田木城）が建っていた。そのお城の下、有明海に面してひらけていたのが「高瀬（高瀬津）」である。

菊池氏一族の貿易相手国は中国（南宋）、朝鮮、東南アジアなどの国々に及んでいた。一四七一年に書かれた朝鮮の歴史書『海東諸国紀』には、肥後の高瀬氏一族が朝鮮に向けて交易船を送ったことが記されているという。

一方、南の伊倉。伊倉も、台地のもっとも高いあたりに伊倉城があり、有明海に面して「津（丹倍津《にべつ》）」が形成されていた。リアス式の地形を利用した天然の良港であると同時に、豊富で良質な地下水を湧出していたことから、船載用の真水を求める船乗りたちにはつとに知られた港だったという。

この伊倉が大友宗麟の支配下にあった時代、宗麟がポルトガル人から輸入した「石火矢（国《くに》崩《くず》しの大砲）」は、伊倉の港で水揚げされ、陸路を臼杵城まで運ばれた。また、宗麟がキリシタン大名だったこともあり、伊倉にはアルメイダやルイス・フロイスなどの南蛮商人や宣教師が立ち寄っており、多くのキリシタンが住んでいたという記録があるという。

高瀬と伊倉。菊池川河口の北と南に位置する港ではあるが、戦国時代にはすでに熊本を代表する国際港の「高瀬」として、ひとくくりに認識されていたようである。

九州において、島津、大友、龍造寺の三者が九州制覇を目指し、各地で激戦を繰り広げた戦国時代。伝統ある海外交易港を持つ菊池川流域は特に激戦地の一つとなっていたのである。

菊池川の流れを変えた清正

一五八八年、肥後半国の領主として入国した清正は、さっそく菊池川流域を視察した。九州攻めの際、太閤直轄地となった高瀬の代官に任じられて以来、清正は、菊池川流域の歴史や豊かさ、国際交易港としての高瀬の重要性をよく認識していたと思われる。

高瀬と伊倉のあいだに広がる菊池川河口部は、干満差の大きい有明海の潮が浸入するだけで

菊池川付け替えの難工事の際の人柱の碑。
手前水門が唐人川，奥が高瀬川（伊倉）

なく、上・中流域に大雨が降ればたちまち水が溢れて暴れ川となり、耕作には不向きな干潟地となった。

清正は、菊池川下流域の流れを変えるという難工事に着手。干潟地を利用して広大な新田を開くと同時に、高瀬を、上流から運ばれてくる米の一大集散地とすることにした。

『玉名郡誌』[2]によれば、「（菊池川の）川口は広茫たる砂州を形成し、幅員約一〇〇〇メートルに達す。本川の下流は、天正年代以前は高瀬の東方より旧小田郷の平原を貫流し、玉水村久島山と横島丘陵との間を過ぎ、現今のいわゆる唐人川筋を流れて有明海に注いでいたが、天正十七（一五八九）年、加藤（清正）公の土工により、高瀬町より滑石村および大浜町間の堤防を築いて現河流を形成す」とある。

唐人川とは、かつての菊池川本流である。

「（唐人川は）天正年間以前は、菊池川の本流だったが、加藤公の石塘《いしども》（石の潮止め堤防）工事竣工後は、川床の一部となった。満潮の際は海路との連絡上、和船の往来いまなお絶えず。されど干潮時は流れすこぶる小なり。川幅、上流は十間、河口数十間ありて、流程約一里」（『玉名郡誌』）と記されている。

国土交通省の資料でも、「洪水時には、JR鹿児島本線付近の高瀬付近だけでなく、現在の九州自動車道付近まで浸水していた。そのため清正は、川を西の方へ直流にする形に持っていき、旧菊池川は唐人川として残し、水量も川幅も減じた。新菊池川には、ところどころに轡塘《くつわども》（遊水池）が設けられ洪水被害を軽減させた。特に『石はね』については現在の河川工事でも同じ形式で工事が行われている。また、有明海は干満の差が大きく、満潮時には平野部まで潮が入り込むため、耕作できない土地が多かった。そのため唐人川の久島・横島の間に石塘を築いて海水の侵入を防ぎ、干拓を行い、広い水田が開発された」とある。

菊池川の流れを変えたことで生まれた新田は八七〇町歩（約八七〇ヘクタール）といわれている。東京ドーム（約四・七六ヘクタール）の一八三個分の広さである。

国際交易港、菊池米の集散地として賑わった高瀬

菊池川の流れが変わると、高瀬のまちは、交易物資が行き交うだけでなく、上流の菊池・玉名平野から運ばれてくる米の集散地としてさらに発展した。

米俵を積んでやってくる舟の船着場ができ、俵の積み下ろしを行う揚げ場（石の階段）、俵を

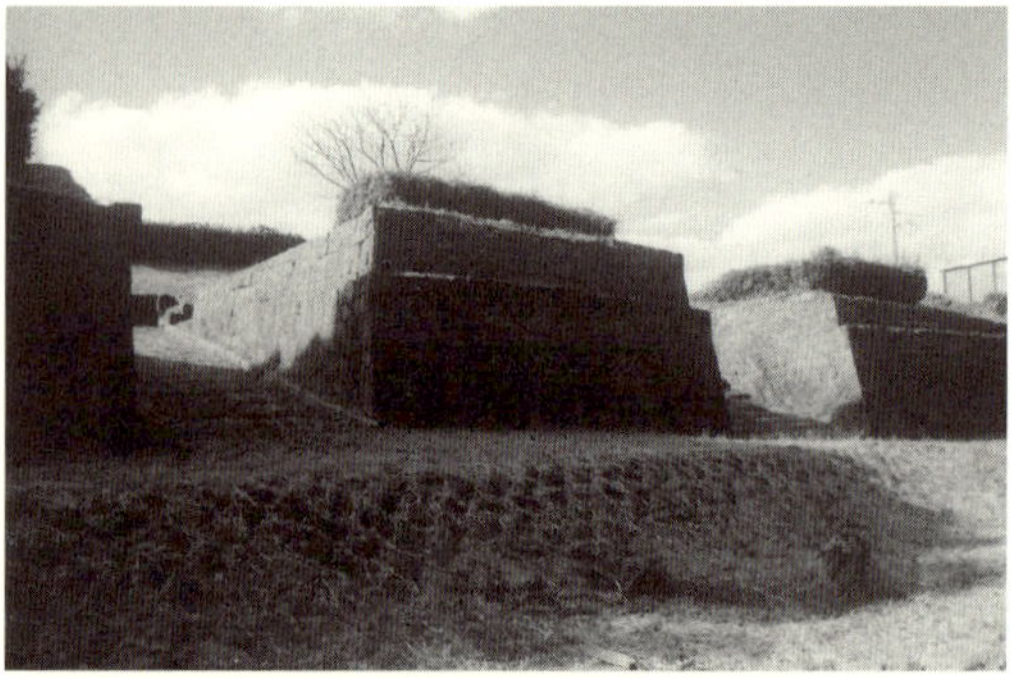

高瀬。俵ころがしの跡

高瀬裏川沿いの町並み

転がして米を運ぶ「俵ころがし」の石畳の道も整備された。米蔵（高瀬米蔵）が建ち並び、かつての高瀬城跡には奉行所が置かれた。菊池川流域で収穫される美味しい米は「菊池米」と呼ばれ、大坂や江戸に送られた。その品質の良さから標準米として全国の米相場に影響を与えるほどだったという。地元の人は、ここから二十万石の米を積み出していたのだと胸を張る。

清正の菊池川の治水が完璧に成功したわけではない。その後も高瀬川はたびたび氾濫し、まちは水に浸かった。土地の水はけも悪く、地下には今も多くの暗渠《あんきょ》が走っていると聞いた。

高瀬のまちを洪水から守るため、菊池川に面した石垣堤防は、清正の時代から江戸時代、明治時代を通じてたびたび積み増され、土地も嵩上げされて、次第に上へ上へと高くなっていった。

高瀬を歩く。ＪＲ鹿児島本線玉名駅で下車。駅から南へ十分ほど歩き、菊池川に突き当たったところが昔の「高瀬」である。

自然堤防の河原と、意外に深い菊池裏川をまたいで、江戸時代に架けられたという多くの高麗式石橋（眼鏡橋）が今も残っている。かつては菊池川本流から菊池裏川に小舟が出入りし、裏川から荷揚げされた品物は直接、石垣の上に建つ商店や問屋の倉庫に運び込まれていたという。菊池裏川沿いに堅固に積み上げられた石垣とその上に広がる町並みは「要塞都市」と言っても過言ではなく、一幅の絵のような美しさで、時代劇のロケ地に迷い込んだような感覚に襲われる。この景観を生かして毎年初夏、高瀬裏川水際緑地公園を会場に「高瀬裏川花しょうぶまつり」が開かれている。

また、菊池川流域の美味しい米づくりの伝統は現代にも受け継がれ、二〇一五年には、流域四市町（玉名市・山鹿市・菊池市・和水町）が「米作り、二千年にわたる大地の記憶─菊池川流域「今昔『水稲』物語」─」の里として「日本遺産」に認定された。

伊倉の港は急速に衰退

清正が菊池川の流れを変えたことで、河口の南にあった伊倉の港は急速に衰退した。

肥後伊倉を歩く。

集落というには思いのほかエリアは広く、坂道が多い。今は内陸部になっているため往時の港の賑わいを想像するのは難しい。しかし、かつて南蛮船を繋いだという舟つなぎの銀杏の樹、バテレン坂、切支丹墓地、清正が愛した質実剛健な刀を打っていたという木下同田貫鍛冶屋敷跡などが、民家に埋もれるようにして点在している。「日本で初めてキリスト降誕を祝うクリスマスが行われたのが伊倉」という話も聞いた。

伊倉には、日明貿易・朱印船貿易に活躍した中国の豪商・肥後四位官《しいかん》(3)の墓もある。村上晶子氏(玉名市立歴史博物館学芸員)の研究によると、「四位官」とは中国の官位である「四官」を表す言葉で、本名は郭濱沂、中国の海澄県海滄港の出身。船で交易を行う商人の家系であったが熊本の伊倉に拠点を定め、高瀬津を中心に活動した人物だという。清正時代にも盛んに中国船(ジャンク)で中国から東南アジアの海を往来し交易を行っていたようである。清正がこのような人物と接触しないはずはない。

またこのころ、急速に衰退した伊倉から長崎に移り住み、のちに長崎で活躍したのが朱印船貿易商人の荒木宗太郎である。

中国商人の四位官と、荒木宗太郎については章を改めて紹介する。

城南の港、緑川河口の「川尻」

当時の熊本には、高瀬・伊倉の他にもう一つ、「川尻」（熊本市南区川尻）という大きな港があった。高瀬・伊倉が熊本城の北約二〇キロの位置にあるのに対し、川尻は熊本城の南約五キロ。県の中央部を流れる一級河川緑川の河口部にあり、ここもやはり古くから栄えてきた港である。熊本を小西行長と分け合って治めていた時代、緑川が小西領との境界線となっていた。

九州山地の宮崎県境に源を発する緑川は、長さは球磨川についで県下第二を誇る。源流域の山林からは川を利用して木材が河口まで運ばれ、熊本平野を網の目のように流れる支流の御船《みふね》川《がわ》、加勢川《かせがわ》などが県央の大地をうるおす。

川尻は、これらの幾筋もの支流が本流緑川に合流して有明海（島原湾）へと注ぐ河口にある。河口部の川幅は約一二〇メートル。一帯は、菊池川河口と同じように、有明海の満潮時には潮が内陸部まで入り込む干潟地であり、上流域で大雨が降るとしばしば大洪水に見舞われて沼地のようになった。

平安時代から奈良時代にかけてこの地を治めていたのは豪族の河尻氏で、河尻城が築かれていた。川尻の地名はこの河尻氏に由来するという。

戦国時代は一時大友の勢力下にあったが、一五七八年、耳川の合戦[4]で大友が島津に敗れると、当時の隈本城主だった城親賢《じようちかまさ》は島津に援助を求めた。一五八〇年、川尻港に入った島津軍は、ここから一度に五百艘余りの兵船を出航させたという記録もある[5]。兵船といっても小さな木造の和船だったろうが、一度に五百艘もの兵船が停泊できるほどの広さをもった港だったことを物語っている。

清正が一五八八年に肥後半国の領主となって入国したとき、この川尻から上陸したという話も伝わる[6]。小西行長の要請を受けて天草一揆鎮圧に向かったのは、ここ川尻からで、文禄・慶長の役の際にも清正水軍が船出したという話も伝わっている。

川尻は熊本城に近く、対岸は小西領だし、警戒すべき薩摩の島津にも近い位置にある。入国した清正は、菊池川治水事業と同じように、緑川下流域の治水と新田開発にも取り組んでいる。国土交通省の資料では、「清正は加勢川右岸[7]に清正堤と呼ばれる長い堤防を築き、加勢川の氾濫と海水の侵入を防いだ。また、御船川の掘り変え工事を行い、加勢川に流入する水量を減少させた。清正堤は戦略上の必要もあったと言われている。これらの工事により湿地帯は広大な田畑となった」と紹介している。さらに、本流の緑川上流域でも、激流の抵抗を弱めるための掘り変え、河道内遊水池の設置などの大工事を行っている。

緑川の治水事業を進める一方で、清正はこの港を、川尻城跡を利用した藩港として整備した。

川尻には今も、熊本平野で産出する年貢米の荷揚げや船積みのための堅固な石積み階段の「御蔵前船着場跡」、二十万俵の米をストックしておく九棟の蔵が建ちならんだ「川尻米蔵」、対岸の杉島地区に住んでいた船子や水夫たちを運ぶ「御船手渡し跡」など、頑丈につくられた石垣・石畳の歴史遺産が残っている。

川尻，御蔵前船着場跡

港の周辺には御茶屋、役所のほか、船大工や木工、鍛冶、大店などが集積し、熊本城下に次ぐ賑わいを見せていたようで、その余韻は、昭和の初めまで残っていたらしい。

現在の川尻は、川幅の広い河口をＪＲ鹿児島本線や九州新幹線の線路がまたいでいるので、ひっきりなしに行き交う電車の轟音が、伸びやかな風景を切り裂くように川面に響く。しかし、これもまた軍港・商港として賑わった清正時代に重なる港の喧騒にも聞こえるのだった。

川尻には、まちの人が「清正寺」と呼びならわす「常妙山法宣寺」がある。地元の歴史を伝える資料によると、川尻法宣寺は肥後本妙寺開山（一世）の日眞上人による開山で、本妙寺三大末頭寺[8]の一つとされている。境内には清正の正妻・清浄院[9]の供養塔があり、「明暦二（一六五六）年九月十七日」と刻まれている。

川尻法宣寺もまた、清正と川尻の縁の深さ、昭和初期まで続いていた港の賑わいを物語る歴史的な遺産の一つであることは間違いない。

二　清正、スペインと出会う

天草に漂着したスペイン船

『新熊本市史』[10]に次の一文がある。

「清正は入国早々の天正十八年（一五九〇年）に天草佐伊津（本渡市佐伊津町）に漂着したスペイン船に対し、領主小西行長に内密で直接に貿易品の買い込みを計り、ついで翌十九年（一五九一年）に、スペイン商人ハリス（ソリス?）とポルトガル商人との間で貿易投資金を巡っての事件が起きると、清正はスペイン商人の後援者となって、秀吉にその商人を引き合わせる役をしてスペイン貿易を進めていった」と。

清正が内密にスペイン船から貿易品を買い込んだという話は驚きだが、一五八八年に清正が肥後半国の領主となってから、清正と天草の縁があったのは事実である。

清正とともに熊本の南半分を領することになった小西行長は、居城である宇土城普請を、天草に割拠する五人の豪族に要請した。ところが五人衆はこれを拒否。行長に対して反旗を翻したのである（天草国人一揆）。

一五九〇年十月、清正は、行長からの要請を受けて一揆鎮圧のため天草に渡り、十一月、木山弾正[11]を討ち取って本渡《ほんど》城を占領している。天草の領主は行長であっても、戦によって生まれた天草との縁により、漂着スペイン船の積荷を密かに買い込む機会があったとしても不思議ではない。

しかし、これとは少し異なる話もある。

清正が肥後に入国した年（一五八八年）の七月、秀吉は刀狩令と海賊禁止令を発布している。海賊禁止令は、日本沿岸で覇権を争っていた海賊集団を解体すると同時に、朝鮮出兵に備えた船舶を確保することが目的だったと言われている。

日本史学者の三鬼清一郎氏の研究[12]によると、清正はこの命令を受けて即実行に移し、海賊船を捉えて積荷を没収。この件を秀吉に報告すると、秀吉は御用物（宮中や官府などの用に供する物）だけを受領し、残りは清正に授与したという。

清正は、海賊船の積荷でさえもきちんと秀吉に報告するくらいの正直者である。潔癖と言っていいかもしれない。天草に漂着したスペイン船の積荷を押収していたとしたら、行長には黙っていたとしても、秀吉には必ず報告しただろうと思われるのだが、詳細は分からない。

スペイン人の方から清正に接触してきたと説くのは、九州大学准教授の中島楽章氏である(「十六世紀末の九州―東南アジア貿易　加藤清正のルソン貿易をめぐって(13)」)。

「一五八〇年代末に、ファン・デ・ソリスというスペイン人海商がパナマからマカオに来航したが、マカオ当局はスペイン商人の中国市場への進出を警戒して、彼の資産を差し押さえてしまった。一五九〇年、彼は損失を取り戻すために日本に渡り、フィリピンから来た商人のドゥアルテ・アントニオとともに貿易を行おうとした。そして、ルイス・フロイスによれば、ソリスはマカオ当局から資産を取り戻すため、『デウスの大敵である虎之助（加藤清正）にも援助を求めた』というのである。のちアントニオが重病になると、清正は彼を肥後に連れて行き、その資産を入手しようとしたが、彼は遺言状で資産をイエズス会に寄進してしまったという。おそらく清正は、こうしたスペイン系海商との結びつきを通して、拡大しつつあった九州―ルソン貿易に参入することを図ったのであろう」と中島氏。

スペイン人のソリスは、いかなる伝手《つて》で清正に援助を求めたのか。

日本に住んでいたソリスの友人のアントニオが重病になったとき、清正はなぜ熊本に連れてきたのか。

疑問は尽きないけれども、ともあれ、清正は熊本に入国した早い段階でスペインと接触。

これをきっかけに清正も、スペインとポルトガルの関係、スペインはいかにしてフィリピンを植民地化したか、ルソン島やマニラの事情、平戸藩のルソン交易などについての情報を得、原田喜右衛門という商人の名も耳にしたのではないだろうか。そして、このころから清正は、スペイン領フィリピンのルソンとの貿易を現実のものとして描き始めたと思われる。

『新熊本市史　通史編第三巻』には「清正はスペイン商人の後援者となって、秀吉にその商人を引き合わせる役をしてスペイン貿易を進めていった」とある。清正が、秀吉とスペインとの仲介役を果たしたということか。

経緯はよく分からないけれども、秀吉が原田孫七郎を使者として初めてルソン総督府に文書を送り、服属を促したのは一五九一年九月である。一五九〇年から九一年九月までの間のどこかで、清正が秀吉にスペイン情報を伝え、ルソンとの貿易を進言していたとしても不思議ではない。直接的な進言ではなかったとしても。

ルソンに注目した理由

清正が、ポルトガル領だったマカオではなく、スペイン領フィリピンのルソン（マニラ）に注目していた理由はなぜか。

鉄砲の伝来以来、戦いに明け暮れる戦国大名たちが求めたのは、鉛や硝石などの軍需品だった。清正も、これらの武器は喉から手が出るほど欲しい。

しかし、鉛や硝石は国内では手に入らなかった。中島楽章氏は、当時これらの軍需品は海外から三つのルートで日本に入ってきていたという[14]。

①　ポルトガル船によるマカオ―長崎の輸入ルート

②　華人海商による中国沿岸からの輸入ルート

③　日本船によるルソンや交趾（ベトナム南部）からの輸入ルート。ルソンや交趾には、カンボジアやタイ、中国で産出する鉛や硝石が運ばれてきていた。

清正がルソンに注目したのは、「現地で鉛や硝石を直接輸入するためではなく、ルソン貿易の収益によって国内市場で軍需品を調達するためだったと考えられる」と中島氏。

一五九一年八月、清正らに肥前名護屋城普請の命が下った。

朝鮮出兵を目前にした名護屋時代、すでに清正は黒田長政・鍋島直茂・毛利吉成らと同じように海外貿易を行っており、秀吉から不当貿易として禁止されたことがあるという。清正の朝鮮出兵の動員割当は一万人だった。領国熊本の実態をしっかり把握する暇もなく名護屋城普請にかり出され、城普請にかかる費用だけでなく、朝鮮出兵の武器や戦費の調達にも心を砕かなければならない。軍事費の調達は自己責任なので、どんなに秀吉に禁止されても海外貿易を諦めるわけにはいかなかった。

中島氏は、清正の置かれた状況を、「鉄砲は堺に注文するほか領内でも製造させた。硫黄は近隣の豊後や薩摩から入手したようである。また硝石や弾丸用の鉛は、豊臣政権からも若干は給付されたようであるが、大部分は自力で調達している。硝石は輸入品だけではなく、領内の町屋にも製造・供出させたが、一方で弾丸用の鉛は、外国船から購入するほかなかった。こうして武器・弾薬・輸送船などを調達し、兵士・水夫・軍属などに食糧や手当を供給するためには、もとより巨額の軍資金が必要であった」と解説する[15]。

なかでも戦国大名が特に欲しがったのが「金（ゴールド）」だった。金の供給地として当時もっとも脚光を浴びていたのがマカオとルソンである。

ポルトガルのマカオとの貿易において清正は、西国大名と比べると、かなり遅れをとっている。またマカオはイエズス会の拠点でもあり、熱心な法華信者だった清正は、イエズス会の宣教師から「悪魔の生まれ変わり」と恐れられ、敵対関係にあった。

故に中島氏は、清正がルソンにこだわった理由を、「宣教師の仲介で（イエズス会のアジアの拠点の一つである）マカオから金を輸入することは難しく、それだけにルソンから金を輸入するメリットは大きかった。清正の領地には金銀の鉱山はなく、軍資金としての金銀は、農民から徴収した農作物を売却して調達するしかなかった」と解説している。

朝鮮出兵

一五九二年一月、秀吉は諸将に朝鮮への出陣を命じた。

同年四月、小西行長の一番隊一万八七〇〇人、続いて清正の二番隊二万二八〇〇人の兵が釜山に上陸。

同年五月、まだ大坂にいた秀吉は、ルソン総督からの入貢拒否の答書を受け取ったが、七月、ふたたび入貢を求める書状を送っている。

同年五月、秀吉、大坂を出立し名護屋に向かう。

またこの年、秀吉は初めて長崎、京都、堺の八人の豪商に対し、異国渡海の朱印状を授けている（『長崎志』）。八人の豪商とは、長崎の荒木宗太郎、末次平蔵、船本弥平次、糸屋隋右衛門、京都の茶屋四郎次郎、角倉与一、伏見屋、堺の伊勢屋とされている。

足かけ七年に及ぶ戦いとなった文禄・慶長の役。この歳月は、日中戦争（一九三七年〜）を含めて八年に及んだ太平洋戦争の長さに匹敵する。これほど長く、過酷な戦いになろうとは、誰一人、想像さえしなかった無謀な戦であった。

三　戦場から唐船派遣を指示

領内産の「小麦」を商品として

朝鮮滞在もすでに一年半となった一五九三年十二月六日、清正は、国元の家老たちに次のような細かい指示を出している。(16) このとき清正は、釜山の北に位置する西生浦において倭城普請の最中だった。

一、唐船遣候ニ付て、商人調舟ちんなとの究之事とても、遣舟にて候間、一艘のりくミ候ことく可申付候事

一、我々かい物ちうもん遣候銀、最前申遣候ことく可遣候、其上何にても代ニ成候物可遣候事

一、代物ニとかく小麦の粉能候由申候、我々舟ニ小麦の粉弐十万斤つみ候ハん由申候間、上のりニ可遣と申遣候町の者共様子能々可存候、小麦の粉のこしらへやう相たつね、百姓ニかけ候て、弐十万斤之通きと可相拵候事

一、四郎兵衛ニ申遣候勘兵衛か両人之内、一人可遣候、其内勘兵衛遣度候、代官所かまいニ

さへ不成候者、ぬし次第に可仕候、為皆之計候事ハ無用ニ候事
一、遣候間ハ、くろほう・又大夫妻子ニ、よく心付尤ニ候事
一、八木（米）七拾石、大豆参拾石、又大夫ニ可遣候事
一、八木五拾石、まめ弐拾石、まてやすニ可遣候事（略）

中島楽章氏は、この書状を次のように解説している。[17]

「唐船に小麦粉二十万斤と銀を積み込み、伊倉代官の後藤勘兵衛を貿易責任者、『又大夫』を航海責任者、『まてやす』をヨーロッパ人との交渉担当者として、派遣することを計画していたと考えられる。この『唐船』は、小麦二十万斤（約千二百石[18]）を積載予定であることからみて、千石積み以上の大型ジャンクであった。またこの船は、第三条に『我々舟』とあり、のちに清正がその売却を指示していることから、清正自身の所有船だったことがわかる。（略）清正の唐船も、やはり華人が建造した大型ジャンクだったのではないか。肥後から長崎へは、有明海・島原湾などの水深の浅い近海を通るので、唐船よりもむしろ平底の日本船を利用した方が、航海技術上は合理的なはずである。清正が中国式ジャンクを派遣した目的は、海外（具体的にはルソン）への外洋航海であった可能性が高い」

書状で清正は、海外貿易では「小麦粉」が有力商品なので、小麦は領内の農民から調達し、

小麦粉の作り方は船に同乗する町人に教えてもらう計画であることを伝えている。

パンやパスタ、お菓子の原料となる小麦（小麦粉）は、日本人にとっての米と同じく、南蛮人にとっての主食である。日本産の小麦は特に質が良いことで人気があったという。ちなみに大麦のほうは日本伝統の味噌、醤油などの原料として国内消費された。

清正が、朝鮮滞在中もつねに国内の商品市場の情報入手に努め、軍事費の調達に心を砕いていた様子がうかがえるのである。

長崎市場でも小麦を販売

清正は、領内産の小麦を長崎市場でも販売した。

小麦にこだわった理由を、熊本大学名誉教授の森山恒雄氏は、「小麦相場は（上方相場に比べて）長崎市場が圧倒的に高値であり、大豆相場は上方相場が高値であるということになる。小麦相場が長崎で高値を示したことは、呂宋側の強い受容体制によるものであった。この市場流通相場を、経済観のつよい清正が見逃すことは到底考えられない。特に清正は、肥後入国から大明征伐の中心軍事力になることを義務付けられている『子飼いの大名』であったために、軍事力の強化は必須不可欠であった。しかし人的構成は問題ないとしても、軍需品、特に鉛は南蛮船に依存せざるをえなかった。それで呂宋側の強い需要に応じ、軍事力の暴力的装置によって定免年貢として徴収した小麦を、高相場の長崎市場で売却し、軍需品の鉛を購入するというシステムをとったのである」という。[19]

米が通貨や資産となった時代に、清正は領内産の小麦に注目。高値のつく長崎で販売して軍需費に充てるだけでなく、粉にして唐船に積み込み、ルソン貿易との交易品に充てたのだった。

四　異国渡海朱印状を取得

戦地からの一時帰国

「地震加藤」という言葉がある。

文禄・慶長の役で朝鮮に滞陣中、小西行長らの讒言《ざんげん》により秀吉の怒りを買って国内に呼び戻され、伏見で謹慎、秀吉の処罰を待った。そのとき、たまたま慶長伏見大地震が発生。崩壊した伏見城の秀吉のもとに真っ先に駆けつけたことで清正は秀吉に許された、というもの。

一五九六年五月、秀吉の命を受けた清正は、朝鮮半島南部の西生浦から一時帰国し、完成間もない伏見城下[20]に入った。伏見城は秀吉が明・朝鮮からの使節を迎えるために建てたといわれる城で、血の粛清といわれた秀次事件が終息したばかりのころである。

清正の一時帰国は、小西行長らにより、明・朝鮮との和平交渉を妨害したと讒言《ざんげん》され、怒った秀吉から伏見での蟄居を命じられたため、というのが一般論である。しかし、山田貴司氏によると、「同時代史料にその事実はみられない。恐らく、明使節の来日にあわせた帰国と考えられる」という(21)。

秀吉の前で、一番隊を率いる小西行長と二番隊率いる清正が顔を揃えて戦況を報告するとともに、今後の対策などを立て、明使節に直接説明する場が設けられる予定だったのかもしれない。

清正が帰国途上にあった一五九六年五月、まだ釜山にいた行長のほうでは事件が発生していた。

行長の陣営には、前年（一五九五年）から行長らが進めてきた和平交渉により、明の正使である李宗城と副使の揚方亨らが日本への出発を待って滞在していた。しかし出発直前になって、正使の李宗城が小西陣営から遁走してしまったのである。やむなく副使の揚方亨を正使に格上げし、行長の腹心ともいえる沈惟敬を副使として、同年六月十四日、行長は彼らを伴って釜山を出発。朝鮮側の使節として正使の黄慎、副使の朴弘長がこれに従った(22)。

やむを得ないメンバー交代だったとしても、すり替えた使節で押し通すところに、行長の面従腹背のしたたかさがある。

明・朝鮮の使節団を伴って帰国途上にある行長と、すでに帰国していて伏見の屋敷で秀吉の引見を待つ清正。

秀吉の処罰を受けるための召還ではなかったとしても、ともかくこのとき、清正は伏見にいた。

使節団一行より一足先に渡日していた明の副使・沈惟敬は、六月、新築されたばかりの伏見城で秀吉と面会している。沈惟敬は伏見城のあまりの壮麗さに目を見張った。千畳敷の御殿で豪華な饗応を受け、山里茶屋では黄金の茶室に仰天し、金銀珠玉をちりばめた甲冑・太刀・槍を土産にもらって堺の宿舎に帰ったと伝えられる。伏見城での秀吉と明使らの会見は八月下旬の予定である。沈惟敬は、堺で彼らの到着を待つことになった。

伏見滞在中に渡海朱印状を取得

伏見に滞在中の清正は、七月十七日付で秀吉からルソン行きの渡海朱印状を得ている。『新熊本市史』には、「文禄五年（一五九六年）に伏見蟄居中であるにもかかわらず、自ら呂宋貿易を計画し実施することとした。清正がどのようにして政界工作をしたか不明であるが、同年七月には山岡道阿弥《どうあみ》を通じて、相国寺(23)の僧で秀吉の外交を担当した僧承兌《じょうたい》で、呂宋への通行貿易の秀吉の朱印状を得ることに成功した（等持院文書）」とある。(24)

申請書は、清正の政治的顧問であった道阿弥（山岡道阿弥景友）から、秀吉側近の承兌（西笑承兌）に渡され、承兌の仲介で秀吉の朱印を得たと考えられる。道阿弥は、大津市にある三井寺の僧侶だったが還俗《げんぞく》して信長に仕え、信長亡き後は秀吉のお伽衆《とぎしゅう》を務めていた。承兌もまた秀吉のお伽衆の一人であり、秀吉の外交顧問として外交文書などをも揮毫する人物であったという。陰で動いたのは、原田喜右衛門傘下の人々や、喜右衛門とも関係が深い伏見奉行の長谷川宗仁だったかもしれない。

長崎や堺の商人に対して異国渡海朱印状が与えられたのは一五九二年のことだが、伏見で清正が得た朱印状は、大名に与えられた異国渡海朱印状の先駆とする研究者[25]もいる。

清正が手に入れた念願のルソンへの異国渡海朱印状に書かれた日付は七月十七日。[26]伏見大地震の直前である。

清正が、秀吉の沙汰を待って伏見に蟄居中であったのなら、朱印状を得ることなど不可能だったはずである。朝鮮にいた清正がなぜ伏見の秀吉に召喚されていたのか、帰国理由の検証が待たれる。

慶長伏見大地震

閏七月十三日の深夜、大地震が発生した。慶長伏見地震[27]である。

地震考古学の寒川旭氏によれば、(28)「秀吉を震え上がらせた活断層は、京都盆地から淡路島までの八〇キロを超える範囲に及んでいるが、内陸の活断層が引き起こした地震としては最大級に近く、マグニチュード7・5以上で、マグニチュード8近い値と推測される」という。一九九五年一月のマグニチュード7・3の阪神大震災と同クラス、あるいはそれ以上の大地震だった。「(伏見城は)天守閣の上部が揺れ落ち、御殿では棟・樋・破風《はふ》の作り物・狐格子が落ちて、向こうまで見通せるようになり、(略)城内では、上臈七十三人、中居・下女まで五百人が死んだ。太閤は中ノ丸にいて無事だったが、諸大名の家々が倒れ、限りないほど人が死んだ」(寒川旭『秀吉を襲った大地震――地震考古学で戦国史を読む』平凡社新書、二〇一〇年)。

このとき、誰よりも早く太閤のもとに駆けつけたのが清正とされている。実際は、一番が細川忠興、清正は二番だったらしい。秀吉が喜ばないはずがない。

清正の家臣だった下川兵太夫が書いたとされる『清正高麗陣覚書』には、地震で伏見城内に駆けつけたとき、清正は孝蔵主《こうぞうす》(政所の執事)に対し、石田三成の讒言で朝鮮から召還されたけれど自分に落ち度はないと大声で申し開きをしたという。

また、寒川氏によれば、「前田利家の晩年の回想録『国祖遺言』によると、清正が家来を引き連れてやってきて、路地に彼らを残し、石垣の崩れた所から一人で城内に駆け込んだ。清正が参りましたと言うと、秀吉は機嫌が良く、朝鮮で手柄を立てたこともあってお許しがでた。さらに、この出来事について利家が、人には時節（チャンス）があるものだと述懐している」との記録があるという。
慶長伏見地震は歌舞伎『増補桃山譚《ぞうほももやまものがたり》』でもよく知られた名シーンであり、清正の生涯のなかでも必ず挙げられるドラマチックな武勇伝である。しかし私は、秀吉のもとに真っ先に駆けつけたという秀吉への忠誠心よりも、地震後の清正の冷静な経営者としての対応力に驚くのである。

五　ルソン貿易に着手

地震直後の伏見から南蛮貿易を指示

地震から二日後、閏七月十五日に書かれた清正自筆の有名な書状がある。原文に即して分かりやすい文章に直すと次のようになる。

新美藤蔵どのへ
上方は大地震で揺れ、伏見の城中はことごとく地震で被害を受けた。しかし、太閤様、お拾い様、政所様、いずれも御上の皆さまはご無事で、我々下々の者も何ごともなかった。京・大坂の我が屋敷は被害にはあわなかったし、この伏見にはまだ（肥後の）屋敷がなかったのが幸いした。

一、小麦を、唐船に積み込む分と、原田喜右衛門尉(29)に貸す分を残し、余った分は原田の者と相談して売却せよ。そのほか、夏成物（米の裏作としての麦、雑穀、畑の生産物）で南蛮の鉛を買うように。いつも買い付けている者を遣わして買うこと。そのほか、南蛮船で買うべき物を注文した。

一、唐船を、来春（一五九七年春）、ルソンへ派遣しなければならない。後藤勘兵衛と町人猪右衛門尉を遣わそうと思っているので伝えておくように。

一、当毛（臨時に耕作した田畑）などは、去年、検見（収穫前に出来具合を検査すること）をさせたが、こちらからも検見の人数を書いてやるように。近いうち金太夫を差し遣わす。こちらの算用がいま少しはっきりしないので、その隙が明らかになりしだい、五～三日中には遣わす。

一、蔵入立毛（蔵入地田畑）の検見の件、奉行人のことは書面で知らせる。悪いところは悪く、良いところは良く、それぞれに応じて百姓に迷惑がかからないよう、あるがままに検見するよう申し付けること。また代官も、立毛の善悪は奉行にあるがままに伝え、良いところを悪いと報告したような場合は処罰せよ。また、悪いところはその理由を聞き、百姓に迷惑がかからぬようにと申し付けよ。やがて金太夫を遣わすが、その方（新美）と相談し再検査せよと言っておくので、そのつもりでいるように。奉行が依怙贔屓《えこひいき》し、田畑の善悪もわきまえず検見した者は処罰する。この件、よくよく申し付ける。

一、各所に種子を貸し付けている分は、いずれも貸米、早米で受け取るように。貸米分や未納分として納められたものは、当期分と混じらぬよう別の蔵に入れておくように。

これらの儀、油断なきよう申し付ける。

閏七月十五日　清正（花押）

地震の二日後である。まだ余震が続いていたかもしれない。

伏見城は大きな被害を受けたが秀吉一家は全員無事だったこと、京と大坂の肥後屋敷も無事だったことを正確に伝えている。伏見にはまだ清正の屋敷は完成しておらず、清正はどこかに寄寓の身だったはずだが、書状から漂う清正の冷静さと指示の細やかさは、豪快な武将の手紙というより、毅然とした現代の経営者にも通じる指示書だと言えよう。

書状に登場する人々

地震直後に書かれた清正のこの書状には幾人かの人物が登場する。その人物像とそれぞれの役割を紹介しておこう。

【新美藤蔵】

書状の宛先となっている新美藤蔵は、森山恒雄氏によると、肥後在住の清正の家臣（算用奉行）だった人物[30]。

「新美藤蔵は千石足らずと推定され、重臣層のランクにはなおほど遠い存在の知行高であったと思われる。しかし政治的地位は相当高い重職にあったようである。近畿で年貢米の販売や諸々の御用達に当たっていた上方留守居役の大木織部（土佐守）とともに、代官支配地＝清正直轄地の統括に当たった」という。

また清正のこの書状は、「清正の海外貿易の人的構成は、家老重臣層を経由しないで、清正―新美藤蔵の直系ラインにて対処しようとしたことを物語っているのであるが、それとともに領主清正が、輸出入の購入・処分の実権を直接に握っていたこと」を物語っていると論じている。

【原田喜右衛門】

紹介ずみなので省く（一一五、一二五ページ参照）。

【後藤勘兵衛】

一五九三年十二月、朝鮮滞陣中の清正の海外交易計画でもその名が挙げられ、ルソンへの派遣が予定されていた後藤勘兵衛とは「秀吉の直轄領・伊倉の代官」だった人である（森山恒雄氏)。

伊倉(現玉名市伊倉北方)は、すでに紹介したように、熊本の県北を流れる一級河川・菊池川河口にあり、高瀬とともに古くから栄えた港である。秀吉はこのあたり一帯を太閤蔵入地とし、肥後の新領主となった清正に代官を命じていた。

森山氏は、「(後藤勘兵衛は)清正の要望に応えうる代官中の枢要なる人物であったことを物語っているし、また清正の代弁者的使者となりうる人物であったといえる。(略)朱印船の客商、あるいはそれに類するものとして予定されていたのではなく、清正の代理人として、しかも勘兵衛の直轄職人町の代官としての才能と地位によって、朱印状の携帯を予定された人物」と紹介している。

【町人猪右衛門】

町人猪右衛門については、伊倉に住んでいたのか熊本城下に住んでいたのか、はっきりしないが、清正の軍事物資を扱う、上方にゆかりのある大商人だったと言われている。

派遣を予定していた「唐船」についても触れておきたい。

唐船とは中国船、ジャンクのことである。ジャンクといっても小さな舟ではなく、三本マストをもつ帆船で、大きいものでは約三〇〇トン、約五百人の乗組員を収容したとされている。

清正時代の「唐船」もまた、南蛮船と同じように外洋を自由に航海する大型の帆船だったのだろう。

伊倉には、日明貿易・朱印船貿易に活躍した中国の豪商・肥後四位官郭公が拠点を置き、清正時代にも盛んに中国から東南アジアの海を唐船で往来し、交易を行っていた。

清正がルソン派遣を計画していた「唐船」とは、彼らの船をチャーターすることを想定したものだったと考えられる。

大坂での三国交渉は決裂

これより少し前。朝鮮から一時帰国した清正を追いかけるように、小西行長も中国と朝鮮の使節団を伴って帰国し、一五九六年八月中旬には堺に入った[31]。伏見大地震から一カ月後のことである。

当初、八月下旬に予定されていた秀吉の明・朝鮮使節団との引見は、伏見城崩壊のため大坂城に場所を変え、九月一日、まず明の使節を迎えて行われ、対面はひとまず無事に終了した。堺に戻った明の使節を、さらに手厚くもてなそうと秀吉は四人の僧侶を差し向けた。このとき明使が、感謝の言葉とともに送ったという秀吉宛ての書状が、まさに爆弾となった。明使は書状で「朝鮮における日本軍の全陣営を取り壊し、駐留軍の撤退、朝鮮国民の過失の寛恕」を訴えていたのである。

勝ち戦を信じていた秀吉は激怒した。秀吉が講和に望む条件は、百歩譲ったとしても、明国の詫び言（謝罪）と、朝鮮に一定の領土を確保することにあったからである。秀吉は、堺で待機中だった朝鮮使節団を追い返し、ふたたび会うことはなかった。

大坂における三国交渉は決裂した。

九州大学教授の中野等氏は、「秀吉としては『勝者』としての名分が立たないかたちで戦争が終結するなどは、まったくの想定外であった。こうして豊臣政権は講和交渉破綻の責任を一方的に朝鮮側に帰し、朝鮮半島への再派兵を命じることになる」と説く[32]。

秀吉は翌年二月、朝鮮再派兵（慶長の役）の陣立を発表した。

六　かなわなかったルソン貿易

ルソン総督への書状

伏見から熊本に戻った清正が、ふたたび朝鮮に出発する直前の一五九六年十月十五日、ルソン総督宛てに書いた書状がある。

〈加藤清正よりフィリピン諸島長官に贈りし書翰(33)〉

予は、今日に至るまで閣下と通信したることなしといえども、いま、我が領民の船、その地方に赴かんとするにより、この書翰を認めざるべからずと考へたり。蓋《けだ》し(思うに)これまで、しばしば書翰を呈するはずなりしが、高麗の戦争に参加し、五、六年間、領国に在らざりしがゆえに、今に至るまでこれをなすこと能わざりき。また、去る夏、高麗より帰りしが、事件生じたれば再びかの地に渡る要あり。本十月、渡海せんとするをもつて、今もなお閑を得たるをあたわず。しかれども、この度はかの国のことも落着し、閣下と親しく通信する時を得べきを信ず。予は、長崎のパードレ(伴天連)を識れりといえども、今まではその教えを奉ずるに至らず。また常にこれを欲したれども、かつてパードレ等を款待するの機会を得ざりき。今後、機会あらば彼等を厚遇せんと欲する意志を実行に表現すべし。

この度、その地に行く船に対し、閣下、諸般の便宜を与へられなば、深くこれを喜び、かつ恩に感ずべきことは、これを言葉に現すの要なし。予はまた、親密なる交際の結ばれんことを祈る。当地方のパードレの書翰によりて委細を承知せらるべきにより、余はこれに譲り、ここに筆を擱く。

日本において　加藤主計頭

ルソン長官宛　十月十五日

法華の信者であった清正は、イエズス会から見れば許しがたい異教徒である。イエズス会からは敵と見なされていたため、清正はやむなく、イエズス会が拠点を置くマカオではなく、ルソンとの交易を重視した。このへりくだった丁寧な書状を読むと、戦費の捻出に苦しんでいた清正が、いかにルソンとの交易を望んでいたかが分かる。

清正の孤独は、領国熊本に残した家臣や農民の苦しみを、そして朝鮮半島で寒さや食糧難にあえぐ多くの兵士たちの苦しみを背負った、領主清正の宿命でもあった。

スペイン船「サン・フェリペ号」漂着事件

伏見地震が起こった一五九六（慶長一）年はもう一つ、日本社会を揺るがす事件が起こっている。

この年八月二十八日、マニラからメキシコに向かっていたスペインのガレオン船サン・フェリペ号が嵐のため土佐（高知県）の浦戸湾に漂着。救出された乗組員の発言が大問題に発展した。『日本大百科全書』（小学館）によると、事件の経緯は次のようなものだったという。

「サン・フェリペ号はマニラからノビスパニア（メキシコ）のアカプルコに向かう途中、嵐のために航海不能となり、土佐の浦戸に達したところ、国主・長宗我部元親は、強引に浦戸湾内に入港させようとした。ついで船は座礁し、おびただしい船荷が流出した。元親から南蛮船漂着の知らせを受けると、豊臣秀吉は増田長盛を奉行として浦戸に遣わし、同船の積み荷を没収し、その乗組員を拘留した。先に秀吉はフィリピンのスペイン人総督に対し、日本では遭難者を救助すると通告していたので、水先案内フランシスコ・デ・オランディアは憤り、世界地図を長盛に示してスペインが広大な国土を有し、日本がいかに小国であるかを語り、質問に答える間、スペイン国王はまず宣教師を海外に遣わし、布教事業とともに征服事業を進めるという意味のことを語った。長盛が秀吉のもとに戻った直後、京都・大坂にいたフランシスコ会の宣教師、および日本人信徒らが捕らえられ、ついで長崎に送られて処刑された。一方、サン・フェリペ号は修理され、翌年春、浦戸からマニラに戻った。この事件には、秀吉の対明外交、イエズス会とフランシスコ会の対立などいくつかの問題が関係しており、その真相を決定的に解明するにはなお困難が伴う」（解説＝松田毅一）

増田長盛によって報告されたフェリペ号水先案内人の尊大な言葉は、秀吉の逆鱗に触れた。これをきっかけに、イエズス会よりもスペインのフランシスコ会のほうが挑発的だとして、秀吉は十一月一日、石田三成に命じ、ペドロ・パブチスタなど京都・大坂のフランシスコ会士ら二十六人を捕縛(34)、京都引き回しのうえ陸路を長崎まで歩かせ、翌年（一五九七年）二月五日、長崎の西坂において処刑した。「二十六聖人殉教」と呼ばれる悲劇の結末である。

同年四月、フェリペ号の他の乗組員らは許されてマニラへと帰還。乗組員らから話を聞いたルソン総督は、同年七月、使節団を派遣。大坂城での秀吉への面会と、フェリペ号の積荷の返還と宣教師たちの釈放を求めたが果たせず、逆に秀吉からキリスト教の布教禁止を言い渡された。

以後、秀吉存命中のスペインとの交流は断絶した。

原田喜右衛門の失脚

フェリペ号事件や二十六聖人殉教の知らせを、清正はどこで聞いただろう。

これらの事件は清正とは縁のない事件に見えるけれども、じつは大いに関係があった。清正のルソン貿易おいて顧問的な役割を担っていた原田喜右衛門が、フェリペ号関係者の一人として弾劾され、失脚してしまったからである。「全パードレ（宣教師）と彼等（スペイン人）をマニラから連れてきた」というのが理由で、財産も全て没収となった。再起不可能と悟った喜右衛門は、渡海朱印状や交易権まで堺の一商人に売却してしまったという。

ルソンとの直接貿易が実現する矢先だっただけに、知らせを聞いたときの清正の落胆はどんなに大きかったことだろう。喜右衛門が失脚するなど、考えもしなかったからである。

自前の船を処分

中島楽章氏によれば、フェリペ号事件や喜右衛門の失脚にもかかわらず、清正は一五九六年十二月にも国元の家老にルソン貿易が可能かどうかイエズス会員の日本人イルマン（修士）に問い合わせ、可能であれば唐船をルソンに派遣するよう指示しているという。

このとき清正が派遣した船は、なんとか無事にルソンに着いたらしい。

「フィリピン総督フランシスコ・テリョは、一五九七年新暦六月のフェリペ二世宛書簡で、加藤主計頭（清正）の船がマニラ湾に入港したことを報告し、彼の書簡の訳文を本国に送っている。この船は清正の書簡にいう『我が領民の船』にあたるわけであるが、実際には清正自身が所有する唐船であった可能性が高い。（略）また清正がフィリピンなどから金を輸入して、その収益で軍需品を調達できたかどうかも不明である。ただし一五九七年もマカオからの定期船が長崎に来航しなかったので、長崎市場で鉛などの軍需品を十分に調達することは容易ではなかっただろう。結局のところ、清正は一五九七年九月に、彼の所有する唐船を適切な値段で買う者がいれば、売却するように指示している。彼は、この時点でひとまず海外貿易から手を引いたのである」（中島氏[35]）

計画の中断は、喜右衛門の失脚が最大の理由だったろう。貿易ができなければ、戦場で共に戦う家来に十分な武器弾薬や食料を補充してやることはできず、遠く離れた熊本の領国経営もままならない。

朝鮮における日本（秀吉軍）の戦局は、李舜臣に率いられた朝鮮水軍の活躍、陸においては義兵集団（ゲリラ）の活躍によって食料や戦時物資の補給路を断たれ、ますます悪化。清正をはじめ諸大名たちはいずれも慢性的な物資不足に悩まされ、日本軍のあいだには厭戦感《えんせんかん》が漂い始めていた。

清正が浅野幸長らと蔚山城での壮絶な籠城戦を耐え抜き、九死に一生を得たのは、一五九七年十二月二十一日から年明けの一月三日までの出来事だった。

一五九八年九月八日、秀吉が伏見城において没すると、家康ら五奉行は、朝鮮の日本軍に対して撤兵を命じた。

多くの家来を失い、心身ともに疲れきった清正が七年間に及ぶ朝鮮滞陣を終え、空しく帰国したのは同年十一月十七日のことである。(36)

ちなみにこの年十二月、家康は、伏見城に招いたフランシスコ会の宣教師に、スペイン船の浦賀寄港とメキシコとの貿易を希望する旨のルソン総督宛ての書状を託している。

天下はすでに家康の手中にあった。

【注】

（1）山田貴司編著『シリーズ・織豊大名の研究第2巻　加藤清正』戎光祥出版、二〇一四年、「総論　加藤清正論の現在地」四七ページ

（2）『玉名郡誌』熊本県教育会玉名郡誌会、一九二三年

（3）郭公は南中国樟州の人で、かつて明朝に出仕し、四位官の称も持っていた。元和（一六一五～二四）のころ伊倉に来住、日明貿易に従事した豪商として住民の信望を得、「しいかんさん」として親しまれた。伊倉の中国様式の墓は一六一九年、その子珍栄が建立（『熊本県大百科事典』）。

（4）一五七八年、日向市を流れる美々津川（耳川）をはさみ、薩摩の島津義久と豊後の大友宗麟が激突した合戦。島津側が圧倒的に勝利した。

（5）『ふるさとの歴史　川尻』川尻文化の会、二〇一五年

（6）『肥後川尻町史』川尻町役場、一九三五年

（7）川の上流から下流を見て、右側を右岸、左側を左岸という。

（8）川尻の法宣寺、八代の本成寺、高瀬の妙法寺の三カ寺。

（9）家康の生母（於大の方）の弟である水野忠重の娘。家康の養女。

（10）『新熊本市史　通史編第三巻近世Ⅰ』一五三ページ

（11）木山弾正（きやま・だんじょう、？～一五八九）、元肥後益城の赤井城主。没落後、外戚関係にあった天草種元のもとに客将として身を寄せていた。

（12）三鬼清一郎（名古屋大学名誉教授）「海賊禁止令をめぐって」『名古屋大学文学部研究論集』一二五、一九九六年

（13）中島楽章「十六世紀の九州―東南アジア貿易　加藤清正のルソン貿易をめぐって」『シリーズ・織豊大名の研究第2巻　加藤清正』山田貴司編著、戎光祥出版、二〇一四年、二九五ページ

(14)同前書
(15)同前書
(16)同前書
(17)同前書
(18)一石＝一五〇キログラムとして、一二〇〇石は約一八〇トンに相当する。
(19)森山恒雄「豊臣期海外貿易の一形態——肥後加藤氏領における関係史料の紹介」「東海大学紀要　文学部」八、一九六六年
(20)京都市南部、現在の京都市伏見区。
(21)熊本県立美術館「生誕四五〇年記念　加藤清正」図録、二〇一二年、七一ページ
(22)中野等『文禄・慶長の役』吉川弘文館、二〇〇八年、一八〇ページ
(23)臨済宗相国寺派の大本山。京都五山の第二位にあたる名刹。金閣寺、銀閣寺は相国寺の山外塔頭である。
(24)「清正が朱印状を申請した」という記録はあるが、実際の朱印状は確認されていない。
(25)中田易直氏、岸野久氏。
(26)太陰暦では一年を三五四日と定めていたので、時々、一年を十三カ月とし、月と月の間に余分の月（閏月）を置いた。文禄五年の場合、七月・閏七月・八月となる。
(27)地震発生の元禄五年は、十月二十七日に改元し「慶長元年」となっているため、伏見地震は「慶長伏見地震」と名付けられている。
(28)寒川旭『秀吉を襲った大地震——地震考古学で戦国史を読む』平凡社新書、二〇一〇年
(29)尉：ここでは「老爺」、「じいさま」の意か。
(30)前掲（19）

(31) 中野等『文禄・慶長の役』吉川弘文館、二〇〇八年、一八一ページ
(32) 同前書
(33) 前掲(19)より、セビリア市印度文書館蔵(「異国叢書」所収)。
(34) フランシスコ会員六人、イエズス会員三人、信者十七人の計二十六人。
(35) 前掲(13)
(36)『新熊本市史』年表

第六章
清正の朱印船貿易と南蛮服の贈り主

一　秀吉から家康の時代へ

家康の養女を娶る

足かけ七年に及んだ朝鮮滞陣を終え、一五九八年十二月、清正らは博多に上陸。日本に帰還した。年が明けて一月五日、秀吉の死が公表され、遺児秀頼は伏見城から大坂城に移った。秀吉亡き後、臨時政権を司っていたのは秀吉が定めた五大老と五奉行であるが、五大老の筆頭は家康だった。

この年三月、秀吉のナンバー2ともいわれた存在の大老前田利家が死去。これをきっかけに五奉行の筆頭だった石田三成の暗殺未遂事件が起こる。朝鮮での講和や讒言をめぐる確執から、清正、黒田長政、福島正則ら、いわゆる武闘派七将が三成討伐を掲げて追いつめたという事件である。伏見に逃れた三成は家康を頼った。実際、家康の屋敷に逃げ込んだかどうかは分からないが、家康の仲裁によって三成は奉行解任となり、家康の次男・秀康に付き添われて佐和山城（滋賀県彦根市）へと帰城。隠居する。

家康は、主だった大名、武将と次々に姻戚関係を結んで勢力を広げ、天下人の座を揺るぎないものにしていく。

清正も、帰国して半年も経たない一五九九年四月、家康の養女・清浄院を正室に迎えている。清正には肥後領主になる前に結婚した糟糠《そうこう》の妻（山崎氏）がいて、虎熊という息子も授かっていたのだが、朝鮮出征中に二人とも死亡しており、正妻の座が空いていたのである(1)。

当時十八歳だった清浄院は、三河国刈谷城主・水野忠重の娘である。忠重は、家康の生母「於大《おだい》の方《かた》（伝通院）」の弟なので、清浄院は家康にとって「姪」に当たる。このとき清正は三十八歳。のち、二人が授かった「あま姫（八十姫、瑤林院）」は徳川頼宣（紀州徳川家の祖、吉宗の祖父）の正妻となった。ちなみに清正の後嗣・忠広は、側室の肥後玉目氏とのあいだに授かった子である。

ともあれ、家康の養女（姪）を正妻としたことで、家康は清正の義父となった。家康は清正より十九歳年上の天下人、清正を圧倒する存在だったことだろう。

オランダ船「デ・リーフデ号」漂着

関ケ原決戦へと緊張が高まるなか、一六〇〇年三月十六日(2)、オランダの帆船デ・リーフデ号が、豊後国（大分県）臼杵湾の北にある佐志生《さしう》の黒島《くろしま》に漂着した。オランダを出航した五隻の船団は南アメリカ南端を回って太平洋に入るコースをとっていたのだが、嵐やスペイン・ポルトガル船の襲撃に遭い、東洋まで辿りついたのはリーフデ号のみであった。カトリック教国のポルトガルやスペインが先行していたアジアに、ついにプロテスタント国のオランダ、イギリスがやってきたのである。

生存者二十数人の中に、船長のクワケルナック、オランダ人の高級船員ヤン・ヨーステン、イギリス人航海士のウイリアム・アダムスらがいた。(3) 彼ら三人は、家康に召し出されて詳細な事情聴取を受け、その知識により重用されることになった。

のちにヤン・ヨーステンは朱印状を与えられて貿易に従事、オランダ東インド会社（一六〇二年設立）の初代日本駐在員を務めた人物である。江戸の居住地はその名をとって「八重洲」と呼ばれるようになった。一方、アダムスは家康の外交顧問として活躍、三浦半島逸見《へみ》（横須賀）に与えられた知行地と水先案内の職務により「三浦按針」と呼ばれたことは、ご存じのとおりである。

イギリス、オランダが進出してきたことで、日本をめぐる国際情勢と貿易競争は一段と激しく、複雑になってきた。

二　肥後の戦後復興に着手

五十四万石の領主となる

一六〇〇年七月十一日、石田三成が家康に反旗を翻して挙兵。同年九月十五日、関ケ原における決戦が東軍の勝利に終わって家康の天下が定まると、家康は次々に論功行賞を行っている。

関ケ原には出向かなかったものの九州において東軍として戦った清正は、西軍小西行長の宇土城などを攻め、翌一六〇一年二月、旧行長領（熊本の南部）の継承を許された。また、キリシタンの多い天草郡に替えて豊後三郡（海部・直入・大分）を得、清正は全国でも十指に入る大藩・肥後五十四万石の領主となった(4)。

領民総出で熊本を復興

関ケ原後の清正は多忙を極めた。

文禄・慶長の役で疲弊した熊本の復興が始まった。熊本城の建設、新田開発、河川や街道などのインフラ整備、領内の神社仏閣の造営・創建、江戸屋敷の建築等々、多くのプロジェクトが同時進行した。

領内の事業だけでも手いっぱいなのに、江戸城、駿府城、名古屋城の普請にも駆り出された。「土木の神様」、「城造りの名手」と讃えられる清正である。縄張り（設計）から建築資材の調達、工事現場の監督まで、自ら先頭に立ち家臣や農民たちを督励した。

二〇一六年の熊本地震で被災した熊本城大天守の復元完成は二〇一九年夏と予定されているが、城全体の復旧には二十年はかかるという。熊本城の築城に、清正がいかに多くの資材や人数、日数を要したか、領内の諸事業との同時進行でどれほど苦労したかは、現代の私たちには想像を絶するものがある。

熊本城の着工年には諸説がある。熊本城の公式ホームページによると、清正が熊本に入国して間もない一五九九年ごろ、京町台地（丘陵地）の突端、標高五〇メートルほどのもっとも高い場所を選んで築城に着手したのではないかとされている。しかし、やがて文禄・慶長の役が始まって、戦争に資材や人材を投入しなければならなくなり、工事は遅々として進まなかった。本格的な建設が始まったのは朝鮮より戻ってからで、一六〇〇年十月ごろには天守閣がほぼ完成。関ケ原の最中も、清正は、中央や九州各藩の動向を気にしつつ城づくりを進めていたらしい。そして一六〇七年ごろには、私たちが知っている地震前の熊本城よりも、より広大、豪壮な熊本城の全て、石垣や本丸御殿、数々の櫓《やぐら》、重臣の屋敷などが完成したようである。

自前の大船も建造

計画していたルソン貿易はいったん頓挫していたものの、海外との直接交易の夢を捨てきれない清正は、関ケ原後、自前の船を建造している。それも、当時としては京・大坂でも噂になるほどの大船だったらしい。

明経博士（公家の儒学者）の船橋秀賢[5]が残した「慶長日件録」（日記）の一六〇四（慶長九）年四月の記事に、清正が造った船について、次のような噂話が書かれている。

「主計頭が船を新造したようだ。ことのほか大きな船だという。（平野雲斎の嫡男でかつて清正の屋敷にいた）五郎左衛門が清正家臣の案内で見物に行ったときの話だが、その船の長さは二十間（約三六メートル）、横幅は五間（約九メートル）ほどもあっただろうか。船中に座敷が三つ（船中座敷三重）、十六畳の間があり、風呂などもあったというから驚くばかりで、その豪壮さは筆舌に尽くしがたいものがあった。船中でごちそうになり、船中からの港の風景や素晴らしい夕景を楽しみ、黄昏時に（下船して）帰宅した」と。

船橋秀賢の直接体験ではなく、噂話を記録しただけなので誇張があるかもしれないが、清正が世間の耳目を驚かすほどの大船、それも風呂付きの豪華船を建造したというのである。

海外渡航が目的の朱印船ではなく、瀬戸内海を渡って大坂や江戸に出向くための清正専用の御座船（安宅船《あたけぶね》）だったと思われる。事が起これば、大坂城の秀頼公を肥後に迎えるため乗船させる目的もあったという話もあるが、事実かどうかは分からない。

この巨船は「天地丸」と称し、当時、肥後の飛び地になっていた鶴崎港（現大分市）に繋留されていたという[6]。

三　朱印船貿易に本格参入

朱印船貿易の始まり

家康は、文禄・慶長の役で深く傷つけた朝鮮王朝との関係修復を図り、また東アジア諸国とも交易を中心として平和的で活発な関係を再構築しようとしていた。一六〇一年十月、安南国（ベトナム中部）とスペイン領フィリピンのルソン総督に修好を求める書状を送ったのを皮切りに、翌年八月にはバタニ王国（タイ南部）、カンボジア、シャム（タイ中・北部）、チャンパ（ベトナム中部）、コウシ（ベトナム北部）、マカオなどと次々に国交を開始した。

徳川期の朱印船制度の起点は一六〇四年とされている。交易はすべて徳川幕府の管轄としたのである。大名や商人がこれらの国と貿易をする場合、必ず家康に願い出て承諾を受ける必要があり、承認の印として幕府からは「朱印状」が発行されることになった。

歴史学者の箭内健次氏によれば、[7]「一六〇四年以降、一六三五年までの三十二年間に渡航した朱印船の数は約三五五隻にも達し、またその渡航先も台湾・呂宋（ルソン）をはじめ東南アジア各地に及んでいる」という。

多くの朱印船が出かけていったコウシ、カンボジア、シャム、ルソンの日本町も賑わった。

家康はマカオとの南蛮交易も継続している。しかし、日本側の購入体制が変わった。従来は、マカオに拠点を置いていたポルトガル商人が中国産生糸を一括購入して日本に運び、日本の銀を得るという方法で長崎での貿易を独占してきた。これを家康は、一六〇四年から、京・堺・長崎の商人に一括して白糸を購入する仲間（糸割符《いとわっぷ》仲間）をつくらせ、窓口を一本化して国内の業者に配分させることにしたのである。糸割符制度は、白糸の価格変動を抑制する物価対策でもあった。

朱印船制度と糸割符制度は、徳川政権の基本的な貿易政策となった。

オランダの漂着船デ・リーフデ号に乗船していたヤン・ヨーステンの進言により、平戸にオランダ商館が設置されたのは一六〇九年のことである。イギリス、オランダの進出と家康の管理貿易は、アジアとの貿易をほぼ独占してきたスペインやポルトガルに大きな打撃を与えることになった。

清正の朱印船貿易

一六〇四年、家康の朱印船貿易制度が始まると、清正もさっそく朱印状の発給を受けて朱印船貿易に乗り出した。

朱印船貿易に詳しい歴史学者の岩生成一氏[8]や、元国士舘大学教授の安藤英男氏によれば、清正は一六〇七年に一回、一六〇九年に二回、計三回の朱印船を派遣しているという。

一六〇七年八月四日　西洋（マカオ）と貿易する朱印状
一六〇九年一月十一日　暹羅（シャム＝タイ国）と貿易する朱印状
同　交趾（コウシ＝ベトナム北部）と貿易する朱印状

関ケ原以前はフィリピンのルソンとの交易にこだわっていた清正だが、いかなる理由からか、あらためてマカオとの交易に参入している。

交趾とは、かつて中国を宗主国としていたベトナム北部にあった国のことである。当時のベトナムは、北部には明を宗主国とする黎《レ》氏、南部に広南阮《グエン》氏の勢力があり、互いに覇を競っていた。「安南都元帥」と称して家康に国書を送るなど活発に外交活動を展開していたのは、ベトナムの中央部から南部を治めていた広南阮氏である。[9]

清正の朱印船は、ベトナム南部の広南阮氏（安南都元帥）、いわゆる「安南国」に出向いて交易を行った。

清正が派遣した朱印船に対して安南国国王瑞公から送られた二通の国書が現存する。

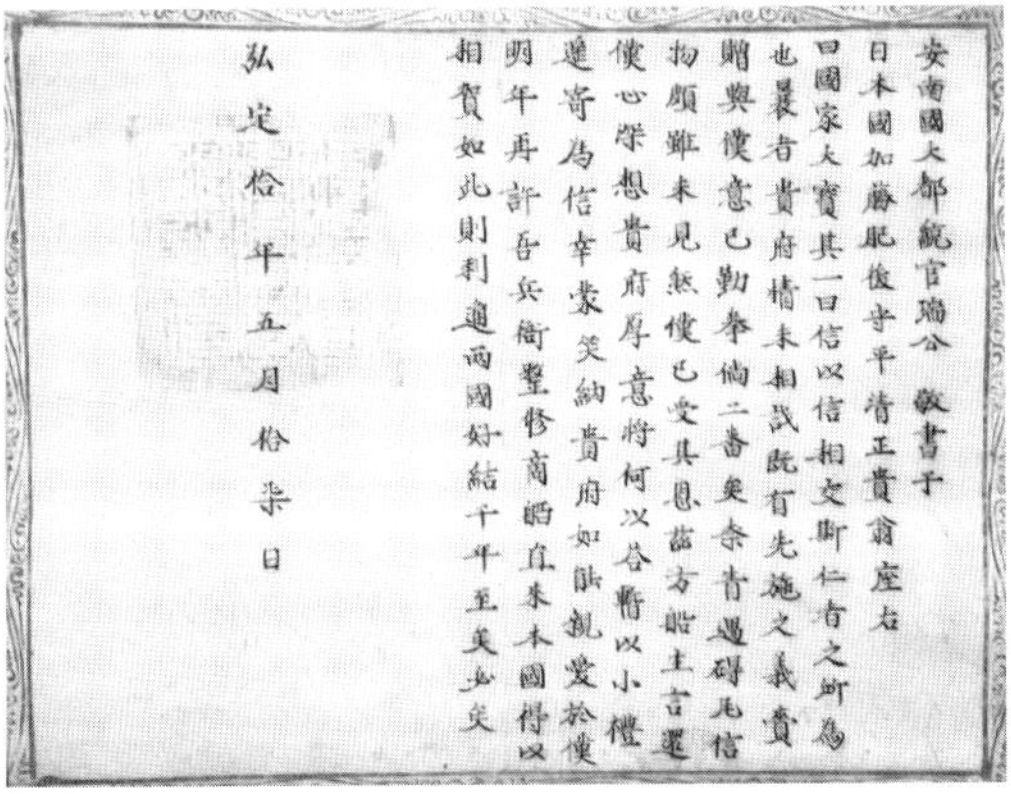
安南國大都統官瑞公　敬書于
日本國加藤肥後守平清正貴翁座右
曰國家大寶其一曰信以信相交斯仁者之所為
也曩者貴府情未相識既有先施之義貴
贈與僕意已勤奉倘二番奚奈吉遇碍兆信
物頗雖未見然僕已受其恩茲方船主言還
僕心深想貴府厚意將何以答聊以小禮
遥寄為信幸蒙笑納貴府如許親愛於僕
明年再許吾兵衛整修商船直來本國得以
相貿如此則利通兩國好結千年至美亦矣
弘定拾年五月拾柒日

1609年５月17日付，絹本墨書安南国書

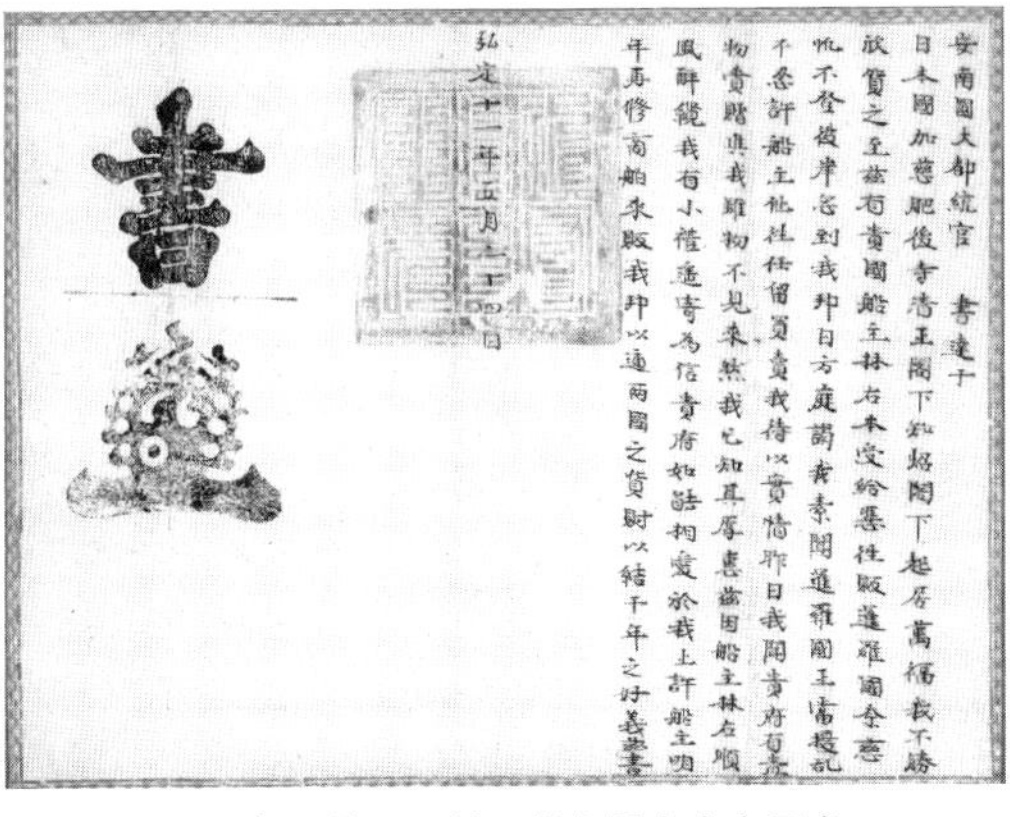
安南國大都統官　書達于
日本國加藤肥後守清正閣下知照閣下起居萬福我不勝
欣賀之至茲有貴國船主林右本受給憑往販蓬羅國奈意
帆不登彼岸遂到我邦日方庭謁我素聞蓬羅國王常擾亂
不忍許船主仍往住留貿賣我待以貴情昨日我聞貴府有寄
物貴贈與我雖物不見來然我已知其厚惠茲因船主林右順
風解纜我有小禮進寄為信貴府如許相愛於我上許船主明
年再修商船來販我邦以通兩國之貨財以結千年之好義書
弘定十一年五月二十四日

1610年５月24日付，絹本墨書安南国書
（いずれも本妙寺蔵）

1　一六〇九年五月十七日付　絹本墨書安南国書（三〇・三×三九・六センチ）
2　一六一〇年五月二十四日付　絹本墨書安南国書（二九・一×三八・五センチ）

内容は、清正が派遣した朱印船の到来を喜んだ安南国王が、清正に再訪許可を伝えたもの。本妙寺が所蔵する二通の国書は、いずれも二〇一八年三月、国の重要文化財に指定されたばかり。国内に現存する安南国外交文書で大名宛てのものは清正に宛てたものだけだという。

山田貴司氏（熊本県立美術館学芸員）は、「（清正の朱印船）貿易は安南にも多くの利益をもたらしていた。日本からは銀・鉄・硫黄・刀・小麦などが輸出され、安南からは中国産の生糸や現地の香木、香料などが輸入されたと考えられる」という⑽。

清正が派遣した朱印船は安南国に辿り着き、国王の書簡を携えて、無事に熊本に戻ってきていたのである。西洋（マカオ）やシャムに派遣された朱印船はどうなったのだろう。行方を追うことはできなかった。

城下の賑わい

熊本には、熊本城が建てられたころ、基礎づくりである地固めの際に労働者がリズムをとって地面を搗きながら歌ったという「土搗《どつき》音頭」が伝承されている。「永棟節《えいとうぶし》」とも呼ばれるこの歌は、現在もさまざまな工事現場やイベントの際に大切に歌い継がれてきた労働歌である。

音頭のなかに、領主清正が貿易で大きな利潤を得ていた様子を歌い込んだ歌詞があるので紹介したい。熊本歴史学研究会の会報紙『史叢』の11号（二〇〇六年八月）と12号（二〇〇七年八月）に、二回にわたって紹介された松野國策氏の論文「熊本城築城地搗音頭」を参考にさせていただいた。

農村に住んでおられた松野氏は、「青年時代から村内の農家の普請に手間替えの形で地搗に参加したし、併せて二十年掛けて益城町の音頭の歌詞を長短合わせて四十八種集め小冊子にし、同時に複数の音頭師によるエイト節（永棟節）、インヨー節（陰陽節）、トコサ節、千秋楽長音頭の四種を録音保存してきた」という。

中でも五十番近くまで続く永棟節は、口伝なので節や歌詞は地域によって若干異なるが、松野氏は『熊本今昔記』（熊本観光課、一九六三年）掲載の土搗音頭をベースに、自らの労働体験を加味し、より歌いやすく歌詞を整えられたとのことである。清正の海外貿易の様子を伝えている歌詞のみを抜粋して紹介する。歌詞と歌詞のあいだには、合いの手の「アラ、エイトエイト」が入る。


盗人島（島の名前）の帆掛け舟　大物かけてはいる舟

何処へ行くのか寺原（現熊本市中央区坪井＝当時の商業地）へ　商い上手の肥後の守
入ってみたいなばはんもん（八幡物＝貿易品）　言うな語るな御法度バイ
内証内証の機密べや　言うな語るな黙っとれ
天下法度のばはん船　高麗土産の砂の金
お倉の中には金銀緞子　金覆輪《きんぷくりん》（縁飾りを金メッキしたもの）に唐の壺
お城普請の元と聞く　偉い肥後さんお手の内
ちっと欲しいな白砂糖　肥後飴でも良いワイナ

また歴史家の森山恒雄氏も、論文「清正の領国経営」のなかで、土搗歌の次の歌詞を紹介している[11]。松野氏の歌詞とは若干異なるが、文脈や歌の意味は同じものだと言えよう。

天下はっとのバハンに新地（東南アジア）
高麗土産の砂の金　これがお城普請の元と聞く
偉い肥後さんお手の内（略）
盗人島　大物かけてはいる船　どこに行くのか寺原へ
お倉の中にゃ金銀緞子　ゴロフクリン（舶来の毛織物）に唐の壺

入って見たいなバハンもん
商上手な肥後の守　ちっとほしいな白砂糖（略）
女の喜ぶ呉服町　ぎりっと廻れば唐人が　軒を連ねて町づくり
朝も早うから売手買手の忙しさ　金銀づくめの綾錦
下戸に好物金平糖　氷砂糖や天文□（不明）
上方にゃ南蛮酒　ルスンの壺はここにある（略）

これらの歌詞には、貿易に励んで熊本城築城の資金を作り、藩財政を豊かにしようとしている「我らが殿様、清正公」を誇らしく思う気持ちが溢れていると感じるのは私だけだろうか。

四「清正公の南蛮服」の贈り主

第一候補は原田喜右衛門

清正に南蛮服を贈ったのは誰だったのか。

第一に考えられるのは、やはり清正のルソン貿易のパートナーだった原田喜右衛門であろう。

一五八八年、肥後半国の領主となった清正は、入国して間もなく、平戸に漂着したスペイン船を通じてスペインという国と出会っている。このとき、ルソン通として知られていた原田喜右衛門という商人の存在を知ったと思われるが、喜右衛門は野心家である。喜右衛門の方から青年領主清正に接触してきた可能性が高い。

喜右衛門を通じて清正は、スペイン領フィリピンのことやルソン総督府のこと、本国スペインの事情、アジア貿易の現状や人脈などの情報を得た。以来、喜右衛門は、清正のルソン貿易に不可欠の人物として関係が深まっていった。

一五九三年の伏見地震直後に肥後の新美藤蔵に送った書状でも、喜右衛門はすでに清正家臣の新美藤蔵と面識があったこと、また、一五九五年に国元の下川又左衛門に宛てた朝鮮からの書状にも「喜右衛門に去年ほど」と書かれていて取引が継続していることがうかがえる。

これらのことから、清正と喜右衛門の交流は、清正が肥後領主となった一五八八年から、喜右衛門がフェリペ号事件のあおりを受けて失脚する一五九七年まで、十年近く続いたことが分かる。

したがって「清正公の南蛮服」は、この間のどこかで、喜右衛門から清正に献上されたものと考えるのがもっとも妥当ではないだろうか。

西洋服飾史の丹野郁氏は、本妙寺が所蔵する「清正公の南蛮服」は、一五八〇年後半から一五九〇年初めにポルトガル本国で作られたもの、と結論づけておられる。ポルトガル製のシャツを入手した喜右衛門が、さほど時間を置かずに清正に献上したとすれば、時間的にも合う。私は、二人が出会って間もない時期に、喜右衛門から清正に贈られた、と考えたい。「清正公の南蛮服」は、若々しい領主清正にこそふさわしいデザインのシャツだと思うからである。

長崎商人の荒木宗太郎

二人目の候補は、長崎商人の荒木宗太郎（?〜一六三六）である。

一五九二年、秀吉は長崎、京都、堺の八人に、初めて異国渡海の朱印状を授けたが、この八人のうちの一人が宗太郎だったとされている。

清正と宗太郎は、不思議な縁で結ばれていた。

熊本半国の領主として入国した一五八八年、清正は、県北の大河・菊池川下流の流れを付け替えて新田をひらき、高瀬を米の集散地として整備した。これにより古くから知られた伊倉港は急速に衰退したことはすでに紹介した。このころ、伊倉から長崎に移住した人物が荒木宗太郎である。熊本の県北には荒木姓が多く、戦国末期の高瀬で最大の商人は荒木姓であったというから、宗太郎が当地の人であった可能性は非常に高い。

『長崎県大百科事典』（長崎新聞社、一九八四年）では、宗太郎について次のように紹介している。

「十六世紀末から十七世紀初めにかけて朱印船貿易商人として活躍した。名は一清、通称を惣右衛門という。肥後（熊本県）出身で一五八八（天正十六）年、長崎に移り住み、現飽《あく》の浦《うら》公園付近に居を構え海外貿易に従事したと伝えられる。貿易商人の多くが他人任せであったのに反し、自ら船に乗り込み活躍した。彼の妻は王加久戸売《わかくとめ》と称し、交趾国（ベトナム北部）の豪族阮（グエン）氏の娘であった。長崎では彼女のことをアニオー様と呼び親しんだと伝えられる。荒木船の旗印はオランダ・アムステルダムのＶＯＣマークを逆さにしたような図柄で有名であった」（解説＝越中勇）

宗太郎の生まれた年は不明である。しかし、秀吉から初めて渡海朱印状を得た一五九二年ころには、すでに朱印状を得るにふさわしい立派な貿易商人になっていたはずなので、年齢は清正とほぼ同年の三十歳前後ではなかっただろうか。

宗太郎が本格的に朱印船貿易家として活躍するのは関ケ原後のことだが、清正が熊本領主となり、菊池川の付け替え工事を行ったころから面識を得ていたかもしれない。

原田喜右衛門がスペイン領フィリピンとのルソン貿易をメインにしていたのに対し、宗太郎はルソンに限らず、朱印状を得てポルトガル船が往来する安南、シャム、カンボジアなどに赴き、交易をしていたようである。自ら船を操ることもできた。まさに戦国時代の海の冒険家である。
「清正公の南蛮服」はポルトガル製である。南蛮服は、南蛮航路を往来した宗太郎から清正に献上された可能性もある。想像をたくましくすれば、青年領主清正と宗太郎とは初対面のときから心が通じ合う仲だったのではないかと私は思う。時には並んで有明の海を眺めたこともあったかもしれない。

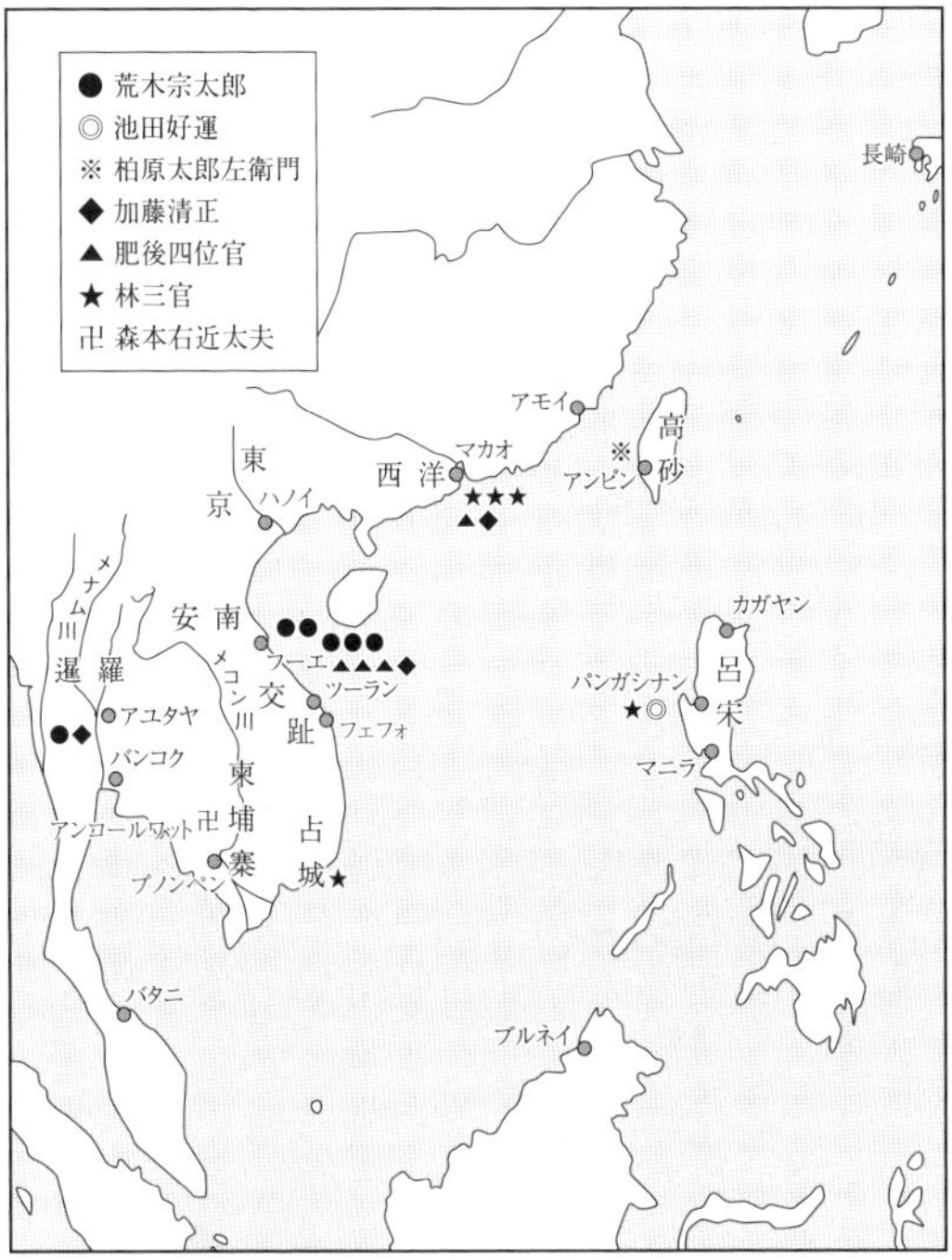

朱印船渡航図（『朱印船貿易と肥後』玉名市立歴史博物館こころピア，平成11年発行。村上晶子氏作成の図をトレース）

宗太郎の海外渡航は一六〇六年、一六一〇年、一六一九年、一六二二年、一六二三年、一六三四年と、じつに六回に及ぶ[12]。

安南国王の娘、王加久姫を娶って戻ったのは一六一九年のことで、宗太郎は長崎の本石灰町《もとしっくい》に商館を構えた。当時、清正がまだ生きていたなら、どんなに喜んだことだろう。

長崎くんちの本石灰町の出し物が、宗太郎とアニオー姫が乗った御朱印船であることは、長崎でいかに二人が大切にされてきたかを物語っている。また、長崎市立博物館には、宗太郎の渡海船である「荒木船」の図と、交趾行きの一六二二年の朱印状[13]が所蔵されている。

天野屋・柏原太郎左衛門

長崎には肥後の豪商、柏原太郎左衛門が「天野屋」という店を構えていた。

南蛮服の贈り主の第一候補を原田喜右衛門、第二候補を荒木宗太郎とするなら、第三の候補として肥後ゆかりの長崎商人、天野屋の柏原太郎左衛門をあげたいと思う。

戦国時代、摂津国(兵庫県)出身の柏原家には三兄弟がいた。長男の平左衛門は二六三九石取りの重臣として加藤清正に仕えた。次男の彦左衛門は石田三成の家老に、三男の兵部左衛門は小堀遠江守政一(遠州流の祖)の家臣となった。戦国の常というべきか、敵味方に別れて活躍した兄弟である。

天野屋の太郎左衛門は、柏原家三男の兵部左衛門の子として生まれた。父とともに、清正に仕えていた伯父(平左衛門)を頼って肥後に下り、伯父宅に寄寓。清正の家来として十六歳で文禄の役に参戦し、のち刀を捨てて商人となった人物である。清正は、重臣の平左衛門の甥であり、ともに朝鮮で戦ったこの若者をよく知っていただろうし、好ましくも思っていただろう。

太郎左衛門が刀を捨てた理由は分からないが、貿易商人となっても変わることなく清正につかえ、熊本城下と長崎、また小川町（熊本県宇城市）に「天野屋」を構えて御用商品の購入に従事したという。

長崎ならいくらでも南蛮服の入手ルートはあったはずである。天野屋の太郎左衛門がポルトガル商人に南蛮服を特注し、清正に贈ったとも考えられる。

『小川町史』[14]によれば、「長崎はそのころ、町の数六十五、家の数三七〇〇あり、うち四十二町を末次平蔵の勢力下で税を納め、残る二十三町は内（中）町と呼び、年寄四人へ税金を納め、うち十八町が太郎左衛門の世話になっていたとあり、残された書類によると、代官平蔵に次ぐ町の実力者になっていた」という。

太郎左衛門は、一六二八年、長崎奉行で朱印船貿易家としても知られた末次平蔵[15]が、台湾のタイオワンにオランダが築いていた城を占領しようと、オランダ商館長ノイツ（メイツとも）との間で起こした紛争事件（タイオワン事件）でも活躍している。清正とともに戦場をくぐり抜けた人物だけに、腹の据わった商人として長崎のまちの人からも頼りにされ、評価も高かったのだろう。

晩年は熊本の下益城郡小川町に隠棲[16]して町の発展に尽くし、竹崎季長、鉄眼禅師とともにめている。

「小川の三傑」と称された。天野屋の長崎の店は嫡子の藤左衛門が継ぎ、細川家の御用商人を務

高瀬・伊倉を拠点とした中国商人の可能性も

南蛮服の贈り主は、高瀬・伊倉を拠点としていた中国商人ルートだった可能性もある。

一五九六年の伏見地震の直後、清正がルソンへの派遣を予定していた人物が伊倉の代官・後藤勘兵衛と、伊倉か熊本城下に住んでいたと思われる商人・猪右衛門尉だったことを思い出してほしい。菊池川下流域の流れが変わったとはいえ、当時の伊倉にはまだ華やかな国際港の余韻が残っていたのだろう。清正がルソンへの派遣を計画していた唐船（ジャンク）の持ち主は、伊倉で「しいかんさん」と親しみを込めて呼ばれる「四位官」だった可能性がある。

「林三官」という中国商人も拠点を置いていた。彼もまた、一六〇四年から一六〇七年のあいだに、西洋（マカオ）、ルソン、占城（ベトナム中部のチャンパ王国）などへ数回の朱印船を出していた。玉名市立歴史博物館の資料によれば、「林を名乗る人物としては、玉名郡天水町立花米ノ山地区に『林均吾』（一六二一年没）や、一六〇九年一月十一日、清正が暹羅（タイのシャム王国）へ送った朱印船の船主『林右』がある。いずれも林三官の一族であろう」としている。

伊倉を拠点とし、ジャンクで大陸貿易を行っていた中国商人の四位官や林三官といった人々

が、清正との面会の際、手に入れた珍しい南蛮服を持参して献上したことも、じゅうぶん考えられるのである。

清正亡き後、忠広の時代になってからも、伊倉の四位官は海外との交易を活発に続けていた。村上晶子氏（玉名市立歴史博物館学芸員）の研究によれば、四位官は、「一六一三年から一六一八年までの間、朱印船で交趾、西洋（マカオ）に四回も渡ったことが分かっている。また、長崎に進出。東インド会社より派遣されていた平戸イギリス商館長リチャード・コックスのもと、長崎住の唐人たちとともに交趾シナへの貿易をする唐人として雇われた。長崎や博多の豪商らと共に共同経営で四官船を出していた」という。

四位官さんの墓（伊倉）

漂着船と高瀬の港

菊池川河口は、川幅は広いが水深が浅い。大型の南蛮船や唐船は高瀬や伊倉の港まで入ることができず、沖の横嶋（島）あたりに停泊していた。大船と港を結び、荷物を積んで行き交ったのは多数の艀《はしけ》や平底の平田舟だった。菊池川の水運でも活躍した小型舟である。現代で言えば軽トラといったところか。

一六〇七年ごろ、熊本市内を流れる白川河口にあった小嶋（現熊本市西区）に、得体の知れない唐船が漂着するという事件が起きた。

清正は、この漂着船を高瀬の港に廻船したという事後報告を受け、国元家老の下川又左衛門と新美権左衛門（藤蔵？）宛てに次の書状を送っている。


書状拝見。

唐船が（六月）十一日の晩、白川河口の小島より二里ほど沖に着船したため高瀬へ向かわせたとのこと、もっともではあるが、（宇土半島先端の）三角港でもよかったのではないか。なぜ高瀬に置こうとしたのか。ただし高瀬に係留するとしても菊池在住の唐人に相談すること。（大きい唐船は）河口に入らないだろうから（高瀬より沖の）横嶋あたりに係留するといいのではないか。荷物などは一切荷揚げさせず、荷物のリストを作って上方に報告すること。唐人などは一人も上陸させてはならず、日本人が乗り組んでいたとしても同様である。しっかりと見張っておきなさい。


山田貴司氏（熊本県立美術館学芸員）はこの書状について、「高瀬や三角といった肥後の貿易港が列記され、それだけでも興味深い。加えて、もう一つ注意すべきは荷物の行き先である。荷物のリストを報告した相手（上方）は徳川家康。つまり（漂着した外国船の）荷物は、家康が優先的に入手することになっていた。このことは、関ケ原合戦を経て家康が海外貿易のイニシアチブを握り始めていたこと、そして清正もまた、その統制下に入っていたことを端的に示している」と解説している。(17)

菊池（高瀬・伊倉）在住の唐人たちは清正も一目置く存在で、相当な実力と発言力を持っていたことがうかがえるのである。

清正とキリシタン

雲仙岳を望む熊本の海には多くの南蛮船や中国船が往来し、異国の人や物を運んできた。高瀬や伊倉の港は世界に通じていたといっても過言ではない。

清正が菊池川の流れを変え、石塘を築いたことによってかつての本流の流れは、細く緩やかになって「唐人川」と名を変えた。文字どおり多くの唐人が往来した川である。伊倉を歩いたとき、唐人川の石塘のすぐ近くに小さな漁船が係留されていた。満潮時に有明海に出て漁をするのだという。

大友氏が治めていたころの伊倉には、多くのイエズス会宣教師が立ち寄ったことは紹介したが、清正のキリシタン弾圧についても触れておこう。

一六〇〇年ごろの日本のキリシタンは全国に約三十万人を数え、伊倉にも多くのキリシタンが住んでいたという。海外貿易を熱望した清正だが、キリシタンに対しては厳しかった。なかでも、旧小西行長領の熊本南部の八代方面や天草にはキリシタンが多かった。彼らは仏教や神道を悪魔崇拝の邪宗とし、時には激しく神社仏閣の打ちこわしなどを行ったといわれている。

佐々成政が国衆一揆への対応のまずさから身を滅ぼしたことを知っている清正だけに、キリシタン対策が厳しいものになったのは自然の成り行きだったかもしれない。清正は彼らに改宗を迫り、改宗しなければ投獄、斬首などの厳罰に処した。八代のカトリック教会には当時の殉教者たちの記念碑があり、現在も毎年、殉教祭が行われている。

しかし、こんな話もある。

天正遣欧少年使節団の一人としてローマに赴いた原マルチノは、帰国後、長崎で司祭となり、宣教活動をしながら洋書の翻訳や印刷事業に携わっていた。関ケ原後、旧小西行長領で活動していた外国人宣教師が清正に捕縛された際、マルチノはヴァリヤーノの命により熊本に出向いて清正との交渉にのぞみ、清正を説得して宣教師たちを解放させたという。

マルチノの人間性に感じるところがあったのか、キリシタンに酷いばかりではなかった人間清正の知られざる一面を物語るエピソードである。

五　清正公の羅針盤（和磁石）

建造した大船の行方

戦国時代の大船といえば、まず思い出されるのが、一五七八年、信長が石山合戦で毛利水軍と戦った際に造らせたという鉄の巨大戦艦があるが、これは別格。

それ以外で戦国時代最大の船とされるのは、豊臣秀吉の「日本丸」、伊勢桑名藩主だった本多忠政の「太一丸《たいいつまる》」、志摩鳥羽藩主だった九鬼守隆の「三国丸《みくにまる》」などがあり、蜂須賀家政や黒田長政も大きな安宅船を持っていたという。清正も、一六〇四年ごろ、世間の耳目を驚かすほどの大船を建造したことはすでに紹介した。九鬼家の船大工の記録『志州鳥羽船寸法』（鳥羽郷土資料刊行会）には当時の大名たちが注文した船のデータが詳しく載っていて、清正が約七百石積みの「七キリノ舟」を建造したことが紹介されているという。

この時期、豊前中津時代の細川忠興も御座船「波奈之丸《なみなしまる》」を建造している。加藤家の改易により肥後藩主になってからも、細川家では代々この船が使われ、明治になるまで活躍したという。御座船は、大坂、江戸への藩主の移動手段として必要不可欠な時代だったのである。

清正の大船の名は「天地丸」と称したとされるが(18)、これには疑問が残る。

というのは、一六三〇年、徳川幕府（三代将軍家光の時代）が、五百石、七十六挺立《ちょうだて》の大船（軍船）を建造して将軍専用の御座船としており、この船が「天地丸」と名付けられていたからである。将軍の「天地丸」は幾度か改修や再建造を重ねて一八六二（文久二）年まで活躍していて、写真も残っている。(19) 徳川将軍専用の御座船に、清正の船と同じ名前をつけたとは思えないのだが。

一六〇九年九月、幕府は諸大名から五百石以上の軍船と商船を没収、あるいは破棄させ、新たな建造を禁じる「大船建造の禁令」を発した。五百石以上でも朱印船は除外されている。

細川家の「波奈之丸」は明治まで活躍しているから、清正の大船も廃船にはならなかったはずだが、清正の大船の行方を突き止めることはできなかった。加藤家改易の際に解体、あるいは没収されたのかもしれない。

徳川の時代となった閉塞感のなかで、清正はどんな未来を描き、大船でどこへ向かおうとしていたのだろうか。

清正公の羅針盤

福山市鞆《とも》の浦《うら》の日蓮宗・法宣寺に、羅針盤（和磁石）を手にした清正公の木像（御神像）があることを知った。(20) 鞆の浦は、信長に追われた室町幕府の第十五代将軍・足利義昭が最後に臨時幕府を置いたところ、また朝鮮通信使の寄港地としても知られる瀬戸内海の要衝である。

鞆の浦を訪ねた。

山陽新幹線福山駅から鞆の浦行きのバスで三十分余り。海のすぐそばにあるバス停を降りると、山裾に建ち並ぶ寺町のちょうど真ん中あたりに法宣寺がある。隣は足利義昭が最後の幕府を置いていた静観寺である。

法宣寺（鞆の浦）

ご住職の堤知研氏によると、当寺は、一三五八年、日蓮聖人の曽孫弟子に当たる大覚大僧正妙実上人（京都妙顕寺二世）の開山。熊本川尻の法宣寺とは同名というだけで何の関係もないという。境内には上人お手植えの樹齢約六百余年の「天蓋の松」という立派な黒松があって名所になっていたそうだが、残念なことに一九九一年に枯れてしまった。

この黒松の東側に、清正公の木像を祀る「清正公堂」が建っていた。お堂の老朽化により、昭和の初めごろ、木像は地域の人々によって、宮殿《くうでん》（仏像を納める厨子《ずし》の一種）、鏡、前机とともに本堂の中に移された。境内のお堂はすでにない。

当寺の清正公の木像は、等身大の「武将姿」の木像と、小さな「文官姿」の坐像、この二体がある。

武将姿の木像は、当寺の御神体「清正公大神祇」として大切に祀られている。生前の清正が命じて作らせた三体のなかの一体で、もともと熊本城内に安置されていたものだという。一方、文官姿の小さな坐像は「腹ごもりの清正公」と呼ばれている。腹の部分が丸くくり抜かれ、中には外側の木像とそっくりのミニチュア坐像が納められていて、この小像は清正公の自作と伝承されている。外側の像は江戸時代末期のものと推定されているようだが、当寺への来歴や正確な製作年は不明である。

武将姿の木像が、鞆の浦の法宣寺で祀られるようになった経緯を、寺伝では次のように紹介している。

「清正公の奥方（清浄院）は、福山城初代藩主水野勝成公の妹でした。加藤家が二代藩主（忠広）の時、家康公の政策により東北の小藩に国替えになる折り、城受け取りに行ったのが親戚関係にある水野藩でした。水野二代目の勝俊公は、叔母君（清浄院）と共に御尊像を福山に持ち帰り、自らが尊敬していた法宣寺十七世恕正院日宥上人に願って境内に清正公堂を建立してお祀りしました」と。

清正公の木像と左の手のひらに載せられている羅針盤（法宣寺蔵）

加藤家の改易は一六三二年六月。このころ、武将姿の清正公木像は清浄院とともに鞆の浦にやってきたのである。

床几に腰掛けた武将姿の清正公は、煤《すす》けたように全身真っ黒で、両目をカッと見開いている。立派なあごひげも印象深い。木像が黒いのは、清正公堂から本堂に移す際、シロアリなどの被害から守ろうと地域の人が黒漆で塗ったからだという。

生前の清正が、京都本国寺の塔頭勧持院を訪れた際、従兄弟であり家臣でもあった中川寿林に描かせたという肖像画がある。[21] 肖像画のお顔は面長でほっそりしているのに対し、鞆の浦の清正公像は形相や眼光が鋭く、護法善神の仁王か力士のような迫力である。

木像がよろう甲冑は、肥後本妙寺が所

蔵する「白檀塗蛇の目紋二枚胴具足」に実によく似ている。明らかに実際の具足を写して彫られたもののように見える。実際の具足との違いは、長烏帽子の高さが低いこと、本来は長烏帽子の両サイドにあるべき蛇の目紋が正面に描かれていることくらいだろうか。

右手に片鎌槍を持ち、左の手のひらに木製の羅針盤を載せている。

羅針盤は載せられているだけなので取り外すことができる。羅針盤は円形で、直径一一センチ、厚みは三・五センチ。針を納めた中央の凹みはガラスの蓋で覆われている。

方角を示す周囲の刻み目は、旧暦の方位を示す十二支を時計回りに配置。また、十二支の中間となる北東、南東、南西、北西の方角には、それぞれ艮《うしとら》、巽《たつみ》、坤《ひつじさる》、乾《いぬい》の刻み目が入れられている。針はもちろん「子（北）」の方角を指しているのだが、針は固定されているので動かない。

日本海事史学会の南波松太郎氏によると、和磁石（日本製の羅針盤）の定義は、①木製のくり物、②方位は十二支の文字によること、③磁石は独立支持されていること、とされている。清正公が手に持つのは、まさに定義通りの「和磁石」である。

和磁石はすでに倭寇の時代から使われていて、正針《せいばり》（本針《ほんばり》、時計回り）と逆針《さかばり》（反時計回り）の二種類があり、逆針を持つ磁石を特に「船磁石」と呼ぶそうだが、一本針の正針も船磁石と呼ばれてきたという。

玉名市歴史博物館が一九九七年に開催した「文化庁『歴史の道百選』選定記念　川と港展」の資料には、そのとき会場に展示された船磁石の写真三点が掲載されている。

1　船磁石（逆針）　直径一二センチ　玉名市　村田旺明氏所有
2　船磁石（逆針）　直径一〇・六センチ　玉名市　西村良明氏所有
3　船磁石（正針）　直径一一センチ　長洲町　宮本治人氏所有

このうち、2は、明治期の玉名市晒《さらし》の(22)廻船で、他の二点も時代は不明ながら実際に使われていたものだという。針が異なるだけで、形も、大きさも、清正公の武者像が手にした羅針盤とそっくりである。もちろん清正公が手にした羅針盤の方が断然、古い。

鞆の浦の清正公像はなぜ羅針盤を手にしているのか。

答えは明らかだろう。清正公の夢が海を越えることにあったからである。そして夢の起点に、あの「清正公の南蛮服」があったと私は考えている。

肥後人によって書かれた日本初の西洋航海書

はるかな昔から、人は、木の葉のように小さく頼りない舟で荒波を乗り越え、海を渡ってきた。彼らを水平線の先へと向かわせたのは、未知なるものへの憧れと有り余る情熱、冒険心、野心だったろう。

しかし、海に囲まれた島国日本の船（和船）は、船の背骨ともいえる竜骨を持たない箱のようなもので、外洋向きではなかった。大航海時代、マストと大きな帆を持つ巨大な南蛮船を見たときの日本人の驚きは、ペリーの黒船襲来以上の衝撃だったに違いない。

和船と南蛮船では構造だけでなく航海術も違った。

日本伝統の主な航海法は、陸や島影の目視により自船の位置を確認しながら進む沿岸航行で事足りたが、大海原をゆく遠洋航海の場合、何日も陸地は見えず、頼りになるのは頑丈な船舶や装備だけでなく、進路を示す羅針盤、進むべき方向へと帆や船を操る航海術である。造船、自然科学、航海術などの技術革新があったからこそ、ポルトガルやスペインの大航海時代が幕開けたと言っても過言ではない。

南蛮船と同じように外洋を航海し、海外との交易を定期的、安定的に行う場合、船舶は南蛮船や唐船をチャーターできたとしても、当時の日本人は近代的な航海術を知らず、道具も持たなかった。日本人の外洋航海を指揮したのは、ほとんどがポルトガル人や中国人の航海士（按針、パイロット）たちだったという。

興味深い一冊の和本がある。

日本人が初めて書いた西洋航海術の技術書『元和航海記』がそれである。著者の池田好運（与右衛門）は熊本の菊池・玉名の生まれと見られており、当時は長崎に住んでいた。本の発行は一六一八年。清正はすでに冥籍にあり、加藤家二代藩主忠広の時代である。

「好運は元和二（一六一六）年、西洋の技術を習得するためポルトガル人、マノエル・ゴンサロ（Manuel Gonsalvez）に従い、呂宋に渡航。航海中、彼は師ゴンサロに三つの質問を問うたが、師より教えを得ることができなかった。そこで自ら答えを考案するため本書を書いた」という（玉名市立歴史博物館、企画展「朱印船貿易と肥後」図録、一九九九年）。

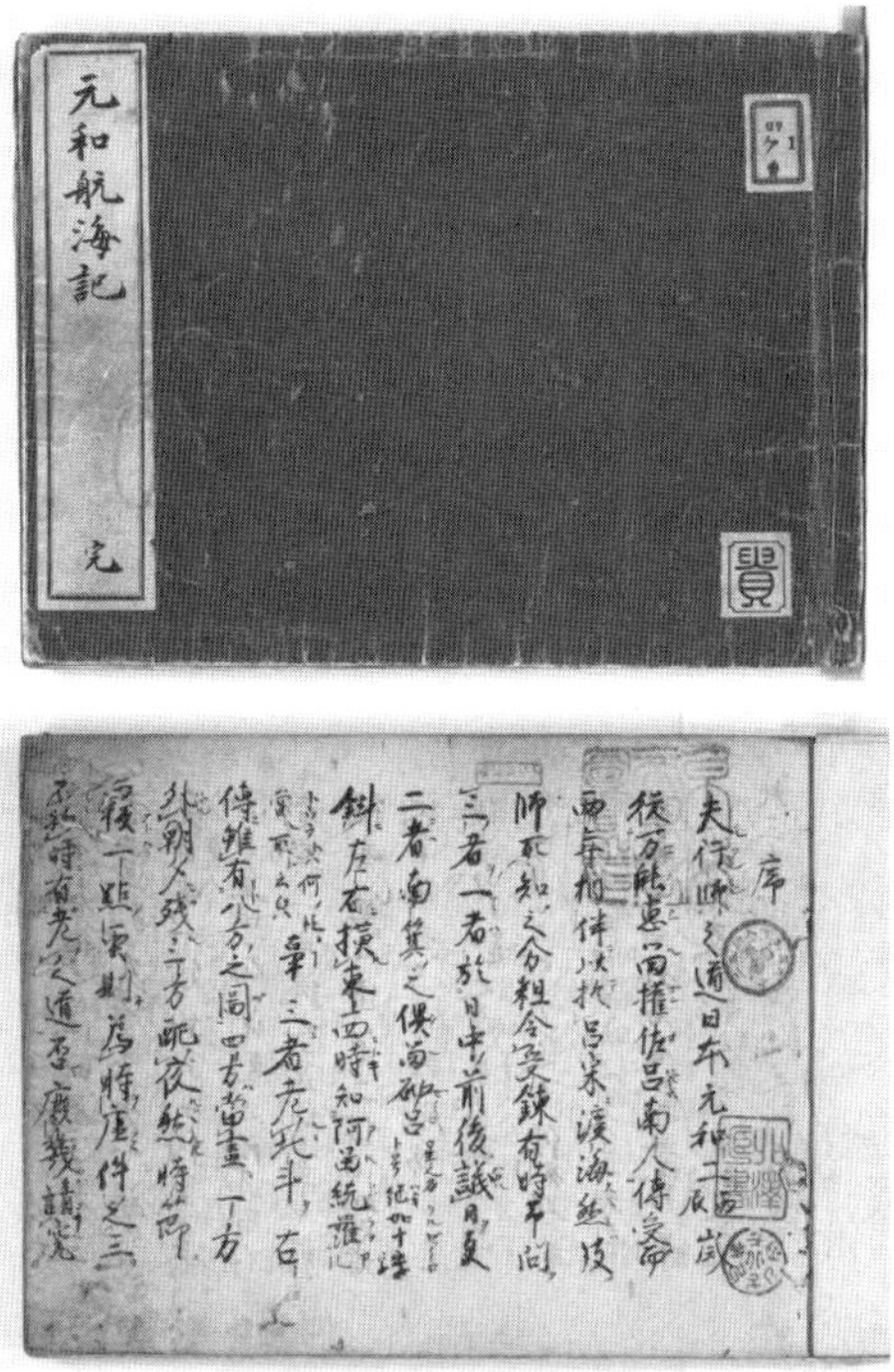

池田好運編『元和航海記』
（京都大学附属図書館蔵）

この本がどれほど貴重なものであるかを解説した別の記事もある[23]。

「『元和航海記』は航海記

録ではなくて科学書である。当時の最新の数学、天文学、測量学、地理学などの諸学を駆使し、航海に必要な天体緯度測定法、羅針盤、象限儀《しょうげんぎ》、アストロラビ（Astrolabio、英語のAstrolabe）などの使用法、水深測定法、船の位置を測るための磁石を使ったポルトガル天文学による天文航海測量術である。西洋（南蛮）の航海術は太陽暦であるグレゴリオ暦を使用するため、池田は、グレゴリオ暦の解説から説き起こし、日本人が普段使っている太陰太陽暦における年と太陽暦における年とがどのように対応しているかを示すなど、日本人の実用に供するためのいろいろな工夫がされている。『元和航海記』は日本近世科学史上の最高の著作といわれ、その後の日本の測量術発展の契機となった」

門外漢の私でも、なんとなく本の内容のすごさが分かる。

しかし注目したいのは、著者が「菊池・玉名の生まれ」だったこと、古くから海外交易で賑わった菊池川流域に生まれたということである。

清正の時代、熊本には想像以上に熱く、そして強く、アジアや世界の風が吹き込んでいた。その風を全身に浴びて、幾人もの男たちが海の向こうに憧れ、船出した。『元和航海記』の池田好運、伊倉から長崎に移住して朱印船貿易家となった荒木宗太郎、伏見屋の柏原太郎左衛門たちである。

そして、彼らと同じ時代を生きた清正自身が、誰よりも海に漕ぎ出ることを熱望していたのではないだろうか。

関ケ原以後の諸国来航

一六〇〇年の関ケ原以後、日本沿岸ではさまざまな事件が起こっている。文禄・慶長の役で断絶状態にあった日朝関係は、対馬の宗氏らの奮闘もあって、一六〇四年には四溟堂松雲大師らが対馬を訪問。翌年三月、京都伏見城で家康に面会し、本多正信、西《さい》笑《しょう》承兌、景轍玄蘇《けいてつげんそ》らと復交条件を協議した。一六〇七年五月には、朝鮮使節の「回答兼刷還使《かいとうけんさつかんし》」が国書を携えて来日。これが日朝友好と平和の使節団、朝鮮通信使の嚆矢《こうし》となった。

同年には、臼杵湾にオランダ商船リーフデ号が漂着したことはすでに紹介した。乗船していたヤン・ヨーステンは家康に召されて朱印船貿易家となっていたが、彼の努力によって一六〇九年には、平戸にオランダ東インド会社のオランダ商館が設置された。また、一六一三年には、家康はイギリス国王からの書簡を受けて通商を許可。ウイリアム・アダムスの進言により、平戸にイギリス東インド会社のイギリス商館も設置された。商館長のコックスはアダムスを雇い入れている。このイギリス館には、伊倉の中国商人も出入りしていたようである。

肥後の隣国、薩摩の動きも活発だった。

島津義久は、一六〇九年三月、家康の承認を受けて琉球に出兵。四月には首里を攻略し尚寧王を捕らえた。翌年、尚寧王らは家久に伴われて駿府の家康と江戸の将軍秀忠に謁見。琉球は永久に薩摩国の付庸国（従属国）となることを誓っている。これにより琉球国は独立国としての体裁は失わなかったものの、薩摩の支配下に組み込まれることになった。

ポルトガルやスペインとの関係も変化し始めた。

一六〇九年、キリシタン大名・有馬晴信がチャンパ（ベトナム中部の王国）に送った朱印船が帰途マカオに寄港。滞在中に乗組員がポルトガル人と喧嘩をし、双方に死傷者が出て多くの日本人乗組員が厳罰を受けるという事件が起こった。マカオ当局はデウス号を派遣して、家康に朱印船の寄航禁止を要請した。

家康は、マカオとの直接貿易を禁じ、長崎奉行・長谷川佐兵衛のすすめによりデウス号の拿《だ》捕《ほ》を命じた。身の危険を感じたデウス号の船長は一六一〇年一月、長崎港の湾口で自ら船を爆破。乗組員もろとも海に沈んだ。以後、日本とポルトガルとの関係は一時中断する。

これは全て清正がまだ生きていたころの事件である。

この事件にはさらに続きがある。

家康側近の本多正純《まさずみ》の家臣の岡本大八が、有馬晴信に対し、デウス号事件で活躍した恩賞として有馬の旧領返還を斡旋すると持ちかけ、まんまと晴信から運動費をせしめた。その後、大八の不正が発覚。取り調べの過程で晴信が長崎奉行暗殺計画を持っていたことが暴露された。

このため大八は火刑に、晴信も甲斐国に流されて切腹となった。これがきっかけで家康の側近にキリシタンが存在していたことが判明し、またキリシタン嫌いの長崎奉行長谷川の思惑などが、家康の禁教方針に大きな影響を及ぼしたというのである。当事、国内のキリスト教信者数は四十万人近くもいたと言われ、家康もまたキリスト教信者の勢力が巨大化することを恐れたのだった。

一六一二年三月、幕府はキリスト教信仰を禁じ、京都の教会堂を破壊。翌年九月には第二回の禁教令が発令された。

この年、前ルソン太守ロドリゴを乗せたスペイン船が日本に漂着。家康はロドリゴに代替船を提供し、スペインに対して鉱山技師の派遣依頼を要求する書状を託して本国に帰した。しかし、スペインがこの要求に応じなかったため、スペインとの関係も中断することになった。

奥州の伊達政宗が、家臣支倉《はせくら》常長を太平洋ルートでヨーロッパに派遣したのはちょうどこのころのことである。スペイン国王やローマ教皇に、布教を認めるとともにメキシコとの通商許可を要請した。しかし、前年（一六一二年）の徳川幕府が出した禁教令の話がすでに伝わっていたこともあって、七年後、支倉常長は虚しく帰郷。政宗の夢もまた実現することはなかった。

大航海時代。南蛮船が運んだのは、水平線の先にある広い世界に憧れて目を輝かせ、胸躍らせた冒険者たちの夢だったのかもしれない。

清正の夢

多くのドラマや映画、小説で描かれ、誰もが心惹かれる戦国時代。アジア諸国との交易を熱望した清正が死去したのは、海外との交流が盛んだった時代のさなか、一六一一年六月二十四日のことだった。

最近は、熱心に南蛮貿易を行った清正の研究が進み、一般にも知られるようになってきた。単なる秀吉の子飼い、単純な武闘派ではなかった新たな清正像に光が当たり始めているように思う。

肥後本妙寺の地下の収蔵庫で初めて「清正公の南蛮服」に出会ってから三十年余り。自分でも理由がよく分からないまま、南蛮服にこだわり続け、先人の研究や体験を渉猟して手にすることができたのは、西洋と日本の波がぶつかりあった時代の小さな欠片《かけら》だったかもしれない。人々のエネルギーが沸騰した時代に、南蛮から日本にやってきた「清正公の南蛮服」。豪華絢爛な服ではない。主を失い、今は肥後本妙寺の宝物館でひっそりと眠る、古びた一枚のシャツ。

この南蛮服は、一五八〇年代後半から一五九〇年ごろ、ポルトガル本国において、西洋最古の裁断書に掲載された型紙に基づいて裁断され、洋服作りに慣れた人の手で仕立てられたものであることは分かった。

あの南蛮服を、清正がいつ、誰から贈られたのかは、まだ断定されてはない。また、どんなときに、どんなふうに着たのかも不明である。

シャツの傷みが少ないことから見て、清正が度々身につけたとは考えられない。身につけて人前に出るのは恥ずかしかったのか。清正は意外に照れ屋で、シャイな男性だったのかもしれない。

四百年以上前にはるばると海を越えてやってきた一枚のシャツが、私には燻し銀のように輝いて見える。

歴史の証言者でもある「清正公の南蛮服」は、清正の見果てぬ夢の象徴でもあると私は思う。この服の価値がもっと多くの人に認められ、一日も早く、国宝か重要文化財として指定される日が来ることを願うばかりである。

【注】

（1）水野勝之・福田正秀共著『加藤清正「妻子」の研究』ブイツーソリューション、二〇〇七年

（2）臼杵市ホームページでは、リーフデ号の漂着は陽暦四月二十九日としている。

（3）国立国会図書館のサイト「江戸時代の日蘭交流」より。

（4）『新熊本市史　通史編第三巻』

（5）船橋秀賢（ふなはし・ひでかた、一五七五〜一六一四）、江戸時代初期の明経博士（公家の儒学者）。
（6）安藤英男編『加藤清正のすべて』新人物往来社、一九九三年、年表
（7）箭内健次「南蛮貿易」『岩波講座　日本歴史9　近世〔1〕』一九七一年、一〇六ページ
（8）岩生成一（いわお・せいいち、一九〇〇〜八八）、歴史学者、専門は日本近世対外交渉史。
（9）桜井由躬雄（東京大学大学院人文社会系研究科教授）「Ⅱ世界のなかの東南アジア」『新版世界各国史5　東南アジア史Ⅰ』山川出版社、一九九九年
（10）熊本県立美術館「生誕四五〇年記念　加藤清正」図録、一三一ページ。現物の書簡は縦二八・六×横三八・八センチ。
（11）前掲（6）
（12）玉名市立歴史博物館、企画展「朱印船貿易と肥後」図録、一九九九年
（13）将軍徳川秀忠より新たに受けた朱印状で、交趾方面に通商した。
（14）『小川町史』熊本県下益城郡小川町史編纂委員会、小川町役場、一九七九年
（15）博多の豪商・末次氏の一族で、長崎代官を務めた朱印船貿易家（?〜一六三〇）。一六三二年に安南（ベトナム）に派遣した船（末次船）の絵馬は有名。
（16）墓は宇城市小川町の円立寺にある。
（17）熊本県立美術館「生誕四五〇年記念　加藤清正」図録、二〇一二年、一三〇ページ
（18）前掲（6）
（19）日本財団図書館（電子図書館）船の科学館ものしりノート
（20）福田晴男「意外！備後鞆の浦と肥後のつながり――加藤清正、河尻幸俊、若狭の武田元実、細川幽斎」『史叢』vol.19、熊本歴史学研究会編、二〇〇七年
（21）一六〇三年、清正が勧持院を訪れた際に描かれた絹本着色・掛幅装の加藤清正像。肩衣姿の肖像画

で、細面の表情には冷静沈着な雰囲気が漂う。大東急記念文庫蔵。
(22)『玉名郡誌』によれば、高瀬にも近い晒浦にはかつて関所が置かれ、往来する人や船舶を監視する番所があったという。
(23) ホームページ「textream(テキストリーム)」Yahoo Japan Corporation

■資料1　現存する安土桃山―江戸初期の南蛮服飾（戦衣）一覧

種類	所用者／下賜者	名称（＊は重要文化財）	特徴	所蔵
►陣羽織				
	織田信長	黒鳥毛揚羽蝶模様陣羽織	上半身には鳥毛を貼り付けて、濃い藍色地に白い縞模様を表現。下半身は唐織。裏地には舶来品の海気（平織の絹織物）を使用。袷仕立て。	東京国立博物館
	信長／豊臣秀吉	猩々緋羅紗地木瓜桐模様陣羽織	赤い羅紗地に白羅紗で桐紋と木瓜《ぼけ》紋を表している。	大阪城天守閣
	豊臣秀吉	鳥獣模様陣羽織＊	絹糸を用いた綴織。ペルシャ製の壁掛け、またはカーペットと思われる生地で仕立てたもの。	高台寺
	豊臣秀吉	黒羅紗地富士御神火模様陣羽織	黒羅紗地に黄羅紗で富士山を、白羅紗で噴煙を描いている。	大阪城天守閣
	豊臣秀吉	富士御神火黒黄羅紗陣羽織		大阪城天守閣
	豊臣秀吉	花卉模様天鵞絨マント陣羽織	ビロードのマントを陣羽織に仕立てたもの。	秀吉清正記念館
	豊臣秀吉	茶麻地日の丸模様陣羽織	麻に柿渋を染み込ませた実用的な陣羽織。慶長2（1597）年2月25日の日付入り。	東京国立博物館
	豊臣秀吉	陣羽織	襟と裾布に緋羅紗、胴に雉の羽が取り付けられている。	近江風土記の丘資料館
	秀吉／大隈町代表者	華文刺繡陣羽織＊	白木綿のキルティングに大柄の模様が刺繡されたものを裁断して仕立てている。幾何学的な全	嘉穂市教育委員会

		体の模様はイスラムの宗教的なものがモチーフと言われる。	

►陣羽織

秀吉／毛利輝元	桐紋付陣羽織	上半身は黄ビロード地に桐紋を切りつけ、下半身にはヒダをとって赤地花唐草模様の緞子を付けている。	毛利博物館
前田利家	鍾馗図刺繍陣羽織	南蛮渡来の畦ビロードを表裏に用いている。鍾馗は刺繍。	前田育徳会館
徳川家康	皮革金泥陣羽織	直線裁ちの立襟。フレアスカートのように広がったデザインで、前裾はボタンで留める。	紀州東照宮
徳川家康	黒羅紗地陣羽織	表地は黒羅紗。背の中央に白羅紗の葵紋を描く。	徳川博物館
家康／山岡重長	白地天鵞絨地陣羽織＊	緋羅紗の単衣仕立て、羽織型の陣羽織。袖なしの短衣本体に、袖と裾はボタンで着脱できる。山岡重長は伊達家の家臣。	仙台市博物館
家康／前島祐徳	白紫染分練緯地葵紋散模様陣羽織	ボタンの多用、テープ状の縁取りなど洋風仕立てで南蛮服飾の影響を受けたもの。前島祐徳は家康の伊賀越えを助けたとされる人物。	東京国立博物館
徳川頼宣	紅地金入繻珍桃模様陣羽織	直線裁ちの立襟、金モールの襟首留など、裁断と仕立ての随所に南蛮服飾の影響が見られる。	紀州東照宮
上杉謙信	紺緋羅紗袖替陣羽織＊	見頃は南蛮舶載の紺羅紗、袖は緋羅紗で仕立てられており、色の対比が斬新。	上杉神社
上杉謙信	緋羅紗陣羽織＊	緋羅紗で仕立てられた袖なしの長大な陣羽織。縁は全て紺の玉縁装飾。裏は黄緞子。	上杉神社

小早川秀秋	猩々緋羅紗地違鎌模様陣羽織＊	背中に二つの大鎌を交叉させた大胆なデザイン。真っ赤な羅紗はヨーロッパからの舶来品。	東京国立博物館
加藤清正／加藤正方	蛇目紋黒羅紗陣羽織	本書78ページで紹介。	八代市立博物館未来の森ミュージアム
細川忠利	淡茶紅裾替わり羅紗陣羽織	裾広がりで背割れのないマントのような形。羅紗地は南蛮渡来と推定されている。	永青文庫
黒田長政	金襴軍袍	鎧直垂のような袖付きの絢爛豪華な陣羽織。和洋折衷の典型とされている。	福岡市美術館
黒田長政	着せ長（小札の陣羽織）	甲冑の小札を利用した袖なしの陣羽織。大鎧風の伝統的な要素と南蛮趣味が混在した珍品。同館は長政所用の永楽銭陣羽織も所蔵。	福岡市美術館
黒田忠之	日の丸陣羽織	背中に大きな朱色の日の丸。襟と袖口に菊模様の金襴を使用した麻製の陣羽織。	福岡市美術館
伊達政宗	紫羅背板地水玉模様陣羽織	舶来品の薄手の羅紗地、背には大きな伊達家の家紋（竹に雀）が金糸で刺繡されている。胸紐はボタン留め。	仙台市博物館
伊達政宗	黒羅紗地縞と山形模様陣羽織	黒羅紗の上部は銀モールで装飾し、裾は緋羅紗で山形の文様が印象的。胸前には左右からボタン留の紐が付いている。	仙台市博物館
伊達政宗	黒羅紗地木綿縫取織陣羽織	慶長遣欧使節団関連資料。	仙台市博物館

►陣羽織

九鬼嘉隆	三巴紋緋羅紗陣羽織	立襟、フリル装飾、曲線裁ちに南蛮服の影響が見られる。	大阪城天守閣
南部利直	白羅紗地陣羽織	珍しい白羅紗地。元は袷仕立てだったと考えられている。利直は盛岡藩初代藩主。	もりおか歴史文化館
南部家伝来品	猩々緋羅紗地陣羽織	両袖と裾は象牙のボタンで着脱可能。また襟のボタンによって羽織や合羽のようにもアレンジできる陣羽織。	もりおか歴史文化館
池田敏隆	黒羅紗地日の丸模様陣羽織（2点）	備前池田家に伝わったもの。	林原美術館
山内忠義	白羅背板地陣羽織	羅紗よりも薄い羅背板《ラセイタ》で仕立てたもの。山内忠義は山内一豊の甥。	土佐山内家宝物資料館

►胴服（袖付き陣羽織）

信長／松平伊豆守信一	小文地桐紋付韋胴服*	なめし革で仕立てた胴着。松平伊豆守信一は信州上田松平家の祖。	上田市立博物館
秀吉／片桐貞隆	黄地菊桐紋付紗綾胴服*	表地に黄紗綾、裏に紫平絹を用い、中に真綿を入れた袷仕立て。片桐貞隆は大和国小泉藩主。	豊国神社
秀吉／伊達藩片倉家	小紋胴服*	西洋の影響を受けた特異な曲線裁ち。	個人（片倉信光）
徳川家康	白地葵模様紋付菊唐草小紋胴服*	舶来と思われる広幅の平絹を染め、表裏を共裂の無双仕立てにした胴服。	日光東照宮
徳川家康／近藤用尹	小紋葵紋付胴服*	広幅の平絹地を裂幅いっぱいに裄《ゆき》にし、西欧の曲線裁ちも取り入れて仕立てている。大坂夏の陣の際、旗本の近藤用尹に与えたとされる。	日光東照宮

上杉謙信	金銀襴緞子等縫合胴服＊	16種類の金襴、銀襴、緞子、繻子をパッチワークのように切り継いで仕立てたもの。上杉神社には謙信、景勝所用の約100点に及ぶ服飾品が所蔵されている。	上杉神社
直江兼続	浅葱地花葉文緞子胴服＊	生地はダマスクと呼ばれる舶来品。花模様はイスパニア方面で織り出された意匠の一つと見られている。	東京国立博物館
南部家伝来	白天鵞絨地無紋胴服	約4センチという毛足の長い白ビロード地。衽《おくみ》付きの小袖形式。	もりおか歴史文化館
►カルサン（袴）			
織田信長	革袴	ボタン付き。	摠見寺
徳川家康	紅黄縞緞子の小袴		紀州東照宮
上杉謙信	紫地芙蓉唐草模様風通袴＊	風通織（二重の織物）、明からの舶来品。	上杉神社
上杉謙信	革袴	股開き、裾口に革のくるみボタンとボタンホールが付いている。	上杉神社
黒田長政	赤地雲龍文様錦袴	丈が短く裾がつぼまり紐がついた銀襴の小袴（カルサン）。	福岡市美術館
黒田長政	藍地牡丹模様錦袴	中央に取り付けられた萌黄地金襴のくるみボタン、裾の波型のヒダ、細かい箱ヒダなど、南蛮風の装飾が施されている。	福岡市美術館
益田家伝来品	茶麻地裁付袴	益田家は石見の豪族。つぼまった膝下、なめし革製のボタンと乳、内股の舟底型の裁断等、立	島根県立石見美術館

			体的な構造で南蛮服飾の影響を受けたものと見られている。	
►上衣	加藤清正	南蛮服	詳細については、本書「第二章　清正公の南蛮服」に掲載。	本妙寺
►マント（外套）	信長／上杉謙信	赤地牡丹唐草文天鵞絨洋套		上杉神社
	豊臣秀吉	天鵞絨マント		秀吉清正記念館
	上杉謙信	赤地牡丹唐草文様天鵞絨マント＊	牡丹唐草の紋天鵞絨に、モール風の縁飾りの付いたヨーロッパ風のマント。立襟で首元はボタンで留める形式。	上杉神社
	不明	花鳥模様洋套	三角形のビロード地を8枚はぎ合わせて円形に。花鳥、動物の複雑な模様はいずれも金糸で刺繍されている。	堺市博物館
	伊達政宗	マントとズボン	慶長遣欧使節団関連資料。	仙台市博物館
	南部信直	緋地羅紗合羽		もりおか歴史文化館
►帽子	山内一豊	南蛮帽	白羅紗のツバ広帽子。	土佐山内家宝物資料館
►具足下着	豊臣秀吉	木瓜紋付緞子具足下着		名古屋城総合事務所
	徳川頼宣	白雲紋緞子具足下着	直線裁ちの立襟で、裏地は紅染平絹。	紀州東照宮

▶その他

徳川頼宣	葵の葉散らし模様上布鎧下	立襟をボタンで留める形式。	紀州東照宮
徳川頼宣	牡丹唐草上布単衣仕立て	立襟をボタンで留める形式。くるみボタンとループは紫の鹿皮が使われている。	紀州東照宮
徳川家宣	麻地、幾何学的模様無双仕立鎧下	三つ葉葵五つ紋付き。金襴の立襟の合わせはボタン留め（くるみボタンに組紐のループ）。	久能山東照宮
上杉景勝	紺麻地、鐸繋矢車模様鎧下着＊	丈が短く袖は筒状。襟は西洋服飾に見られる立襟形式。	上杉神社
細川忠興	藍染上布、九曜紋付具足下着	背に九曜紋。ビロードの立襟。筒袖の袖口には左右それぞれ2個のボタン付き。	島田美術館
土佐山内家	白緞子地牡丹唐草模様緞子具足下着	襟や袖山、袖口付近に真田紐を縫い付けるなど、南蛮風に仕立てられた袷の具足下着。	土佐山内家宝物資料館
徳川頼宣	白地雲文緞子襟巻	ヨーロッパ風の襞襟《ラフ》。紀州東照宮には頼宣所用の約30点の服飾、端裂などが所蔵されている。	紀州東照宮

【参考資料】『日本の染織　技と美』京都国立博物館、京都書院、一九八七年／丹野郁『南蛮服飾の研究』雄山閣出版、一九七六年／丹野郁『西洋服飾史　図説編』東京堂出版、二〇〇三年／『美術作品レファレンス事典　国宝・重文篇1』日外アソシエーツ、二〇〇九年／『日本の染色カンヴァス版　第3巻・武家の染色』『同第4巻・舶載の染色』山辺知行監修、中央公論社、一九八二・八三年／長崎巌「近世の戦衣の特徴とその文化的意味　外国染織の影響を中心に」「共立女子大・共立女子短期大学総合文化研究所紀要」二〇一三年／所蔵美術館・博物館資料／ホームページ「e国宝」、「文化遺産データベース」など

■資料2　加藤清正関連年表

西暦	和暦	国内の出来事	清正公関連事項（ゴシック体は年齢）	海外の出来事
1543	天文12	ポルトガル人、種子島に鉄砲と洋服を伝える		コペルニクス『天球の回転について』刊
1549	天文18	ザヴィエル、鹿児島に上陸		
1550	天文19	ザヴィエルを乗せたポルトガル船、初めて平戸に入港		
1557	弘治3			ポルトガル、対日貿易の中継地としてマカオの居留権取得
1558	永禄元			イギリス（イングランド）でエリザベス1世即位
1562	永禄5		尾張国中村に生まれる（父・加藤清忠、母・伊都）　**1**	
1565	永禄8	ルイス・フロイス、初めて入京	**4**	スペイン、フィリピン征服を開始
1566	永禄9		**5**	スペイン、北アメリカのスペイン副王領とフィリピンを結ぶガレオン貿易開始

1568	永禄11	信長、足利義昭を奉じて入京／堺に矢銭2万貫を課す／フロイス、信長に謁見し布教の許可を得る		7	
1570	元亀元			9	スペイン、マニラ占領を宣言
1571	元亀2	信長、比叡山延暦寺を焼き討ち		10	
1573	天正元		秀吉より播磨国神東郡内に120石を与えられる	12	
1575	天正3	信長鉄砲隊、武田勝頼を破る（長篠の戦）		14	
1576	天正4	信長、安土城築城		15	
1578	天正6			17	明、ポルトガルに広東貿易を許す
1580	天正8	大村純忠、長崎をイエズス会に寄進		19	
1581	天正9			20	スペイン国王フェリペ2世がポルトガル国王を兼務／オランダ、スペインからの独立を宣言
1582	天正10	天正遣欧使節派遣／本能寺の変、信長死す／秀吉、山崎において明智光秀を破る		21	ローマ教皇グレゴリオ13世、新暦（グレゴリオ暦）を公布

1583	天正11	秀吉、賤ケ岳で柴田勝家を破る／大坂城築城／フロイス、「日本史」の執筆開始	賤ケ岳合戦において「賤ケ岳の七本槍」として活躍／秀吉より2947石（近江・山城・河内国）を与えられる	22	女真ヌルハチ挙兵
1584	天正12	秀吉、尾張北部の小牧・長久手の戦において織田信雄・家康軍に戦略的勝利	小牧・長久手の戦に軍勢150人を率いて従軍	23	
1585	天正13	秀吉、四国平定。関白となる	加増、434石（河内国）	24	
1586	天正14		加増、300石（播磨国）／この年から「主計頭」となる	25	
1587	天正15	秀吉、九州制圧のため大坂を出発（島津攻め）／佐々成政、秀吉より肥後国を拝領（球磨・天草を除く）／伴天連追放令発布／肥後国衆一揆が発生	九州攻めでは秀吉の後備として軍勢170人を率いて従軍／讃岐国に派遣され蔵入地の現状を調査／加増、520石（丹波国）	26	
1588	天正16	秀吉、小西行長らの上使衆を肥後に派遣／佐々成政、切腹	上使衆の一人として八代郡・宇土郡などを調査／肥後国北半分を拝領（南半分は小西行長の領地に）	27	スペインの無敵艦隊、イギリスに敗れる
1589	天正17		小西行長の要請を受け、行長とともに天草を平定	28	
1590	天正18	秀吉、小田原北条氏を平定し全国統一／天正遺欧使節、帰国	肥前名護屋城普請に従事	29	

1592	文禄元	第1次朝鮮出兵（文禄の役）開始／秀吉、このころ長崎・京・堺の商人に異国渡海朱印状を与える	2番隊を率いて釜山に上陸／会寧で朝鮮2王子を捕らえる（7月）	31	
1596	慶長元	スペイン船サン・フェリペ号、土佐漂着／26聖人殉教（～1597年2月）	秀吉の命により帰国／伏見地震発生（閏7月）／朝鮮に向け肥後を出発	35	
1597	慶長2	第2次朝鮮出兵（慶長の役）開始	明・朝鮮軍に蔚山城を包囲される（12月）	36	
1598	慶長3	秀吉、死去（8月）／在鮮の諸将を召喚（文禄・慶長の役終わる）	救援軍の到着により蔚山城より明・朝鮮軍撤退（1月）／清正、博多に帰陣（12月）	37	
1599	慶長4		家康の養女（清浄院）と婚約	38	
1600	慶長5	オランダ船リーフデ号、豊後臼杵に漂着／関ケ原の戦	小西行長の居城・宇土城を攻撃／家康より肥後国52万石を拝領（球磨郡を除く）	39	イギリス東インド会社設立
1602	慶長7	スペインとの正式交易始まる	このころ、熊本城完成	41	オランダ東インド会社設立
1603	慶長8	家康、征夷大将軍となり江戸幕府を開く	従四位侍従に就任し「肥後守」と改める	42	
1604	慶長9	糸割符制度制定／アジア諸国、オランダなどとの間に朱印船制度を設ける		43	

1605	慶長10	家康、将軍職を秀忠に譲る／江戸市中にキリスト教禁止令		44	
1606	慶長11		江戸城普請を命じられる	45	
1607	慶長12	朝鮮国使節（回答兼刷還使）、戦後初めて訪日し、江戸へ至る／家康、駿府に隠退。大御所となる	西海渡海の朱印状を受ける／「隈本」を「熊本」に改める	46	
1608	慶長13		暹羅（タイ王国）渡海の朱印状を受ける	47	
1609	慶長14	平戸にオランダ商館開設／島津氏琉球征服。幕府、琉球を島津氏所管とする	交趾国（黎朝時代のベトナム北部）への朱印状を受ける	48	
1610	慶長15		尾張名古屋城普請を命じられる	49	
1611	慶長16	家康と豊臣秀頼、二条城で会見	帰国中に発病、6月24日、熊本城内で死去／加藤忠広、清正の遺領を相続／清正葬儀、中尾山に葬られる（10月）	50	
1612	慶長17	徳川幕府、天領に禁教令発布			
1613	慶長18	禁教令を全国に及ぼす／伊達政宗、スペインに慶長遣欧使節を派遣			
1614	慶長19	大坂冬の陣			
1615	元和元	大坂夏の陣（豊臣家滅亡）			

1616	元和2	家康、死去／明（中国）船以外の海外渡航と邦人帰国禁止	中尾山に建設中の本妙寺完成	女真ヌルハチ、満州に後金国を建国（1636年、国号を「清」と改称）
1618	元和4		加藤家内紛（牛方・馬方騒動）	
1632	寛永9	秀忠死去（3代将軍家光就任は1623年～）	加藤家改易。忠広は出羽庄内に配流（6月）／細川忠利、肥後藩主として入国	

伊藤なお枝（いとう・なおえ）／ライター・編集者
福岡県出身。東京の出版社，編集プロダクションを経て帰福。福岡を中心に活動。1981年，取材・執筆・企画編集を専門とする「編集工房ナオ」（福岡市）設立。現在まで手がけた一般取材記事，企業情報誌・年史，単行本などは多岐にわたる。福岡市在住。

装丁：design POOL

清正公《きよまさこう》の南蛮服《なんばんふく》
大航海時代《だいこうかいじだい》に渡来《とらい》した一枚《いちまい》のシャツの物語《ものがたり》

❖

2019年1月11日　第1刷発行

❖

著　者　伊藤なお枝
発行者　別府大悟
発行所　合同会社花乱社
〒810-0001 福岡市中央区天神 5-5-8-5D
電話 092（781）7550　FAX 092（781）7555
http://www.karansha.com
印　刷　株式会社西日本新聞印刷
製　本　篠原製本株式会社
［定価はカバーに表示］
ISBN978-4-905327-95-0